El libro de cocina de barbacoa verde

100 Deliciosas y Sostenibles Recetas para Tu Parrilla. Una guía
completa para
Asado ecológico

Verónica Pascual

TABLA DE CONTENIDO

INTRODUCCIÓN

El libro de cocina de barbacoa verde es la guía definitiva para asar a la parrilla ecológicamente. Con 100 recetas deliciosas, nunca se quedará sin ideas para crear comidas deliciosas y sostenibles en su parrilla. Desde opciones vegetarianas y veganas hasta opciones de carne sostenibles, este libro de cocina tiene algo para todos.

Cada receta va acompañada de instrucciones detalladas, incluidos consejos sobre cómo cocinar a la parrilla de manera sostenible y reducir su huella de carbono. Aprenderá cómo elegir los mejores ingredientes sostenibles, cómo cocinar a la parrilla sin carbón ni propano, y cómo crear comidas deliciosas y saludables que sean buenas para usted y el planeta.

Además de las recetas, El libro de cocina de barbacoa verde incluye información sobre prácticas de asado ecológicas, como el uso de platos y utensilios reutilizables o biodegradables, y la reducción de desechos mediante el compostaje y el reciclaje. Con impresionantes fotos a todo color de cada receta, este libro de cocina lo inspirará a crear comidas deliciosas y sostenibles durante todo el año.

Ya sea que sea un asador experimentado o un principiante, El libro de cocina de barbacoa verde es su recurso de referencia para asar a la parrilla ecológicamente. Con 100 recetas deliciosas y orientación experta, estará cocinando comidas saludables y sostenibles en su parrilla en muy poco tiempo.

DESAYUNO, BRUNCH Y HUEVOS

1. Ensalada de tomate cherry y pan a la plancha

Hace: 1 porción

INGREDIENTES:
- 1 diente de ajo pequeño; picado 1
- ⅓ taza de vinagre balsámico 75 mL
- 1½ cucharada de aceite de oliva 20 mL
- ¼ de cucharadita de Pimienta 1 mL
- Sal al gusto
- 2 cucharadas de cebollín fresco cortado en cubitos o cebollas verdes
- ⅓ taza de albahaca fresca picada
- 6 gajos de pan francés o italiano
- 4 tazas de tomates cherry; reducido a la mitad

INSTRUCCIONES:
a) Combine el ajo, el vinagre, el aceite, la pimienta y la sal en un tazón pequeño. Agregue la albahaca y las cebolletas.
b) Asar o tostar el pan
c) Corta cada segmento en pedazos.
d) Combine el pan, los tomates cherry y el aderezo en un tazón para mezclar.
e) Si es necesario, pruebe y ajuste los condimentos.

2. Crepas veganas

10 crepas

INGREDIENTES:

- 1 1/3 tazas de leche de soja natural o de vainilla
- 1 taza de harina para todo uso
- 1/3 taza de tofu firme, escurrido y desmenuzado
- 2 cucharadas de margarina vegana, derretida
- 2 cucharadas de azúcar
- 11/2 cucharaditas de extracto puro de vainilla
- 1/2 cucharadita de polvo de hornear
- 1/8 cucharadita de sal
- Canola u otro aceite neutro, para cocinar

INSTRUCCIONES:

Combina todos los ingredientes

a) excepto el aceite para freír) en una batidora hasta que quede suave.

b) Precaliente una plancha antiadherente o una sartén para crepes a fuego medio-alto.

c) Vierta 3 cucharadas de masa en el centro de la plancha e incline la sartén para esparcir la masa finamente.

d) Cocine hasta que estén doradas por ambos lados, volteando una vez.

e) Coloque la masa sobrante en una bandeja y continúe el proceso, engrasando la sartén según sea necesario.

3. huevos a la parrilla

Hace: 6

INGREDIENTES:
- 12 huevos

INSTRUCCIONES:
a) Precaliente una parrilla exterior a temperatura media-alta.
b) Cubre un molde para muffins con aceite en aerosol y rompe un huevo en cada agujero.
c) Cocine en la parrilla durante 2 minutos, o hasta que esté a su gusto.

4. <u>Buñuelos de patata a la plancha</u>

Rinde: 100 porciones

INGREDIENTES:

- 1 taza de mantequilla
- 9 huevos
- 1 taza de leche
- 22 libras de papas, hervidas con agua con sal
- 4½ taza de pan
- 1½ cucharadita de pimienta negra
- 2 cucharadas de sal

INSTRUCCIONES:

a) Mezcle las papas en un plato mezclador a baja velocidad durante 1 minuto o hasta que se rompan en pedazos más pequeños.

b) Agregue pimienta y mantequilla o margarina. Mezcle a velocidad alta durante 3 a 5 minutos, o hasta que esté completamente suave.

c) reconstituir la leche; calentar a fuego lento; mezcle con las papas a baja velocidad, luego agregue los huevos enteros que se han mezclado.

d) Forme empanadas y páselas por pan rallado.

e) Ase a la parrilla durante 3 minutos por lado en una plancha ligeramente engrasada o hasta que estén doradas.

5. Porcini a la parrilla con yemas de huevo

Rinde: 4 porciones

INGREDIENTES:

- 2 libras de boletus frescos
- 3 cucharadas de aceite de oliva virgen extra plus
- 2 cucharadas
- 4 huevos, jumbo

INSTRUCCIONES:

a) Cortar los champiñones en rodajas y sazonar con sal y pimienta.

b) Coloque los champiñones en la parrilla y cocine por 2 minutos por lado.

c) Mientras tanto, caliente el aceite restante en una sartén antiadherente hasta que empiece a humear.

d) Rompa los huevos en la sartén y cocine hasta que las claras se hayan endurecido.

e) Retire la sartén del fuego y deje reposar durante 3 minutos. Coloque los champiñones en un plato para servir.

f) Cortar las claras de los huevos y disponer con cuidado las yemas encima de los champiñones, servir inmediatamente.

6. pan de maíz a la parrilla

Rinde: 8 rebanadas

INGREDIENTES:

- 1 taza de harina de maíz
- 1 taza de harina
- 2 cucharaditas de polvo de hornear
- 3/4 cucharaditas de sal
- 1 taza de leche
- 1/4 taza de aceite vegetal

INSTRUCCIONES:

Mezclar los ingredientes secos. Mezcle la leche y el aceite vegetal.

a) Verter en una plancha engrasada.
b) Cocine hasta que el centro esté firme.

7. Manzanas Asadas Rellenas De Granola A La Parrilla

Rinde: 4 porciones

INGREDIENTES:
- ½ taza de granola vegana, casera
- 2 cucharadas de mantequilla de maní cremosa o mantequilla de almendras
- 1 cucharada de margarina vegana
- 1 cucharada de jarabe de arce puro
- ½ cucharadita de canela molida
- Granny Smith u otras manzanas para hornear firmes
- 1 taza de jugo de manzana

INSTRUCCIONES:
a) Precaliente la parrilla a 350 grados Fahrenheit.
b) Ponga a un lado una sartén que haya sido engrasada.
c) Combine la granola, la mantequilla de maní, la margarina, el jarabe de arce y la canela en un tazón mediano.
d) Corta las manzanas por la mitad y rellena los huecos con la mezcla de granola, empacando con cuidado.
e) Invierta las manzanas en la bandeja Ready. Vierta el jugo de manzana sobre las manzanas y cocine a la parrilla durante 1 hora o hasta que estén blandas. Servir caliente.

8. Aguacate a la parrilla y huevos

Hace: 4

INGREDIENTES:

- 2 aguacates, cortados por la mitad y sin hueso
- 2 cucharaditas de aceite de oliva
- 4 huevos
- 1 cucharadita de sal
- 1 pizca de pimienta molida fresca
- Perejil fresco

INSTRUCCIONES:

a) Precaliente la parrilla a temperatura media-alta durante 10 minutos.

b) Coloque el aguacate boca abajo en la parrilla. Cubrir.

c) Después de aproximadamente diez minutos, los aguacates deberían tener excelentes líneas de parrilla.

d) Retire los aguacates y colóquelos en una bandeja de aluminio.

e) Rompe un huevo en un tazón pequeño o una taza, levanta la yema con una cuchara y colócala en el centro de cada aguacate.

f) Coloca la bandeja en la parrilla y cocina por 12 minutos o hasta que la yema esté completamente cuajada.

9. huevos ahumados

Rinde: 12 huevos

INGREDIENTES:
● 12 huevos

INSTRUCCIONES:
a) Precaliente el ahumador a 325 grados Fahrenheit.

b) Cocine los huevos durante 30 minutos en la parrilla con la tapa cerrada.

c) Retire los huevos cocidos e inmediatamente sumérjalos en un baño de hielo.

d) Reduzca el calor a 175 grados F.

e) Ahúmalo durante al menos 30 minutos o hasta una hora para obtener un sabor ahumado más fuerte.

f) Sirva los huevos solos, con especias para barbacoa o como huevos rellenos ahumados.

10. Huevo en Pan

INGREDIENTES:
- 1 rebanada de pan, por persona
- 1 cucharada de aceite o mantequilla
- 1 huevo, por persona

INSTRUCCIONES:
a) Usando un cortador de galletas, un vaso o un cortador de galletas, cree un agujero en el centro del pan.
b) Engrase una placa o plancha para barbacoa y caliéntela a temperatura media. En la placa caliente, coloque el pan.
c) En el agujero, rompa el huevo.
d) Cocine por 3 minutos, o hasta que el fondo del huevo esté firme.
e) Para terminar de cocinar, voltea el pan con el huevo al otro lado, por 2 minutos.
f) Atender.

11. Wrap de desayuno de fontina y verduras a la plancha

Rinde: 2 porciones

INGREDIENTES:
- ½ taza de mayonesa
- ¼ taza de hojas de albahaca picadas
- Zumo de 1 lima
- 1 calabacín
- 1 rojo; pimiento amarillo o naranja, cortado en cuartos
- 2 rodajas de cebolla roja
- Aceite de oliva
- Sal y pimienta
- 2 tazas de lechuga romana rallada
- ½ libra de queso fontina; rallado
- 2 tortillas de harina grandes

INSTRUCCIONES:
a) En un tazón pequeño, mezcle la mayonesa, la albahaca y el jugo de lima.
b) Aplicar aceite de oliva a las verduras. Sazone con sal y pimienta al gusto.
c) En una parrilla medianamente caliente, coloque las verduras.
d) Cocine por otros 2 a 3 minutos por lado.
e) Extienda la mezcla de mayonesa sobre las tortillas de harina.
f) Coloque la lechuga en una tortilla, luego cubra con queso y verduras asadas.
g) Enróllalo y disfruta.

12.   Quiche de verduras a la plancha

INGREDIENTES:

- 1 masa de pastel lista
- 3 huevos
- 1 taza de crema ligera
- ½ taza de crema espesa
- ½ cucharadita de sal
- ½ cucharadita de Pimienta
- ¼ de cucharadita de pimienta de cayena
- ¼ cucharadita de nuez moscada
- 6 onzas de queso gruyere; rallado
- 1½ tazas de verduras asadas

INSTRUCCIONES:

a) Coloque una capa de 4 onzas de queso y verduras asadas sobre la masa sin hornear y colóquela en una bandeja para hornear, luego cubra con el queso restante.

Batir los ingredientes restantes excepto el queso.

b) Verter sobre las verduras y el queso y espolvorear con el resto del queso.

c) Ase a la parrilla durante 35 a 45 minutos, lejos del fuego directo, hasta que la quiche esté hinchada y dorada.

13. Sándwich de desayuno de verduras y focaccia a la parrilla

Hace: 1 porción

INGREDIENTES:
- Pan Focaccia
- 1 berenjena mediana, cortada a lo largo
- 2 pimientos rojos, cortados en cuartos y sin semillas
- 2 cucharadas de aceite de oliva
- rúcula fresca o hojas de ensalada baby
- mayonesa de huevo entero
- parmesano y albahaca para decorar

INSTRUCCIONES:
a) Salar la berenjena, luego escurrir en un colador, enjuagar y secar.

b) Pincelar las verduras con aceite de oliva antes de colocarlas en la sandwichera y cerrarla. Cocine hasta que las verduras estén apenas tiernas.

c) Cubra su sándwich con rúcula fresca o hojas de ensalada tierna, verduras a la parrilla y mayonesa de huevo entero con sabor a albahaca fresca y ajo en la parrilla del sándwich.

d) Rallar un poco de queso parmesano por encima.

14. Patatas De Desayuno A La Parrilla

Rinde: 4 porciones

INGREDIENTES:
- 1 cucharadita de ajo en polvo
- 5 tazas de papas rojas o doradas Yukon picadas
- 1 cebolla amarilla, picada
- 2 cucharaditas de ajo picado
- 1 cucharadita de sal marina
- ¾ cucharadita de condimento de bahía vieja
- 1 cucharadita de pimentón
- 1 pimiento rojo picado
- Pizca de pimienta negra
- 3 cucharadas de aceite de oliva

INSTRUCCIONES:
a) Precaliente el horno a 400 grados Fahrenheit.

b) Agregue las papas, la cebolla y el pimiento rojo a un tazón grande.

c) Mezcle con aceite de oliva y ajo.

d) Agregue las especias, la sal y la pimienta negra y mezcle hasta que estén bien incorporados.

e) Agregue a una fuente para hornear o sartén de hierro fundido y cocine a la parrilla durante 45 minutos.

f) ¡Sirve con ketchup, ensalada o cualquier otro almuerzo!

ENTRADAS, SNACKS Y APERITIVOS

15. Brochetas de pimientos de calabacín a la plancha

Hace: 1 porción

INGREDIENTES:
- 1 pimiento rojo picado
- 2 cucharadas de aceite de oliva
- 1 cebolla dulce, cortada en gajos
- 2 calabacines, en gajos gruesos
- 2 dientes de ajo, triturados
- 1 pimiento morrón grande, picado

INSTRUCCIONES:
a) Retire las semillas y pique los pimientos en trozos, luego combínelos con los gajos de cebolla dulce y los calabacines en un plato para servir.

b) Agregue el aceite de oliva y el ajo machacado y revuelva para combinar.

Ensarte los ingredientes en brochetas y cocine durante 10-15 minutos en la parrilla, o hasta que las verduras estén blandas.

16. Jardín en un pincho

Rinde: 6 porciones

INGREDIENTES:
- 1 mazorca de maíz; cáscara Retirada, cortada en trozos de 2 pulgadas
- 1 calabacín, cortado en trozos de 2 pulgadas
- 1 pimiento rojo; cortar en trozos de 1 pulgada
- 12 tomates cherry
- 12 tapas de champiñones

salsa para rociar
- ½ taza de jugo de limón
- 2 cucharadas de vino blanco seco
- 1 cucharada de aceite de oliva
- 1 cucharadita de comino
- 2 cucharaditas de cebollín fresco
- 1 cucharadita de perejil fresco
- Pimienta fresca molida; probar

INSTRUCCIONES:
a) Precaliente la parrilla a fuego medio y coloque una rejilla engrasada 6 pulgadas por encima del fuego.

b) Remoje 6 brochetas de madera en agua tibia durante 15 minutos si las usa. Esto evita que las brochetas se incendien en las brochetas mientras se cocinan.

c) Coloque las verduras en brochetas.

Para hacer la salsa para rociar, combine el rociadoingredientes.

d) Asa las brochetas de verduras durante 15 a 20 minutos en total, rociándolas a menudo con la salsa hasta que estén ligeramente carbonizadas.

17. brochetas de halloumi

Hace: 1 porción

INGREDIENTES:
- 250 gramos de Halloumi segmentado en trozos pequeños
- 500 gramos Pequeño; papas nuevas; hervido
- Sal y pimienta
- Aceite de oliva
- Brochetas de barbacoa
- 2 cucharadas de aceite de oliva
- 4 cucharadas de vinagre de vino blanco
- Limón rallado
- unas aceitunas verdes; picado muy fino
- Pizca de cilantro molido
- hojas de cilantro fresco; rasgado
- 1 diente de ajo; aplastada
- 1 cucharada de mostaza integral
- Sal y pimienta
- 50 gramos de ensalada de hierbas frescas

INSTRUCCIONES:
a) Ensartar alternativamente trozos de Halloumi y patata en las brochetas.
b) Rocíe con aceite de oliva y sal y pimienta al gusto.
c) Barbacoa a la parrilla hasta que los kebabs estén bien cocidos.
Prepare el aderezo combinando todos los ingredientes en un frasco.
d) Coloque los kebabs encima de una ensalada de hierbas frescas y rocíe con el aderezo.

18. Brocheta de papas rojas

Rinde: 6 porciones

INGREDIENTES:
- ½ cucharadita de cebolla en polvo
- 2 libras de papas rojas
- ½ taza de agua
- ½ taza de mayonesa
- ¼ taza de caldo
- 2 cucharaditas de orégano seco
- ½ cucharadita de ajo en polvo

INSTRUCCIONES:
a) Coloque las papas en un plato y luego cubra y cocine en el microondas durante 12-14 minutos a temperatura alta.
En un tazón, combine los ingredientes restantes; agregue las papas y refrigere por 1 hora.
b) Escurrir la marinada.
c) Brocheta de papas en brochetas de metal o brochetas de bambú empapadas en agua.
d) Cocine durante 4 minutos a fuego moderado, sin tapar, luego voltee, cepille con la marinada restante y cocine a la parrilla por otros 4 minutos.

19. Brochetas de verduras a la plancha con salsa mopa

Rinde: 4 porciones

INGREDIENTES:
salsa de fregona
- 1⁄2 taza de café negro fuerte
- 1⁄4 taza de salsa de soya
- 1⁄2 taza de salsa de tomate
- 2 cucharadas de aceite de oliva
- 1 cucharadita de salsa picante
- 1 cucharadita de azúcar
- 1⁄4 cucharadita de sal
- 1⁄4 cucharadita de pimienta negra recién molida

Verduras
- 8 onzas de champiñones blancos, ligeramente enjuagados y secos
- 1 pimiento rojo o amarillo grande, cortado en trozos de 11⁄2 pulgada
- 2 calabacines pequeños, cortados en trozos de 1 pulgada
- 6 chalotes, cortados por la mitad a lo largo
- 12 tomates cherry maduros

INSTRUCCIONES:
a) Combine el café, la salsa de soya, el ketchup, el aceite, la salsa picante, el azúcar, la sal y la pimienta negra en una cacerola pequeña. Cocine por 20 minutos a fuego lento.

b) Coloque el pimiento, el calabacín, los champiñones, los chalotes y los tomates cherry en brochetas en una fuente para hornear poco profunda.

c) Vierta la mitad de la salsa mop sobre las verduras ensartadas y deje marinar durante 20 minutos a temperatura ambiente.

d) Coloque las brochetas directamente sobre el fuego en la parrilla.

e) Ase a la parrilla durante 10 minutos, volteando a la mitad hasta que las verduras estén doradas y tiernas.

f) Transfiera a un plato y rocíe la salsa restante sobre todo. Sirva de inmediato.

20. Brochetas de verduras a la parrilla

Rinde: 4 porciones

INGREDIENTES:
- 1/2 cucharadita de cilantro en polvo
- 1 taza de perejil fresco cortado en cubitos gruesos
- 1 taza de cilantro fresco cortado en cubitos gruesos
- 1/2 cucharadita de comino molido
- 1/2 cucharadita de pimentón dulce
- 1/2 cucharadita de sal
- 3 dientes de ajo, machacados
- 12 tomates cherry
- 1 calabacín, cortado en trozos de 1 pulgada
- 1/4 cucharadita de cayena molida
- 3 cucharadas de jugo de limón fresco
- 1/3 taza de aceite de oliva
- 1 pimiento rojo, cortado a lo largo
- 12 champiñones blancos
- 1 berenjena, cortada en cubitos

INSTRUCCIONES:

a) Combine el perejil, el cilantro y el ajo en una batidora o procesador de alimentos y procese hasta que estén finamente picados.

b) Combine el cilantro, el comino, el pimentón, la sal, la pimienta de cayena, el jugo de limón y el aceite en un tazón. Procese hasta que esté completamente suave. Mover a un tazón pequeño.

c) Precalentar la parrilla.

d) Usando brochetas, ensarte el pimiento, la berenjena, el calabacín y los champiñones.

e) Se debe verter la mitad de la salsa chermoula sobre las verduras ensartadas y dejar marinar durante 20 minutos a temperatura ambiente.

f) Coloque las verduras ensartadas directamente sobre el fuego en la parrilla caliente.

g) Ase a la parrilla hasta que las verduras estén doradas y tiernas, 10 minutos en total, volteando una vez a la mitad.

h) Transfiera a un plato y rocíe la salsa restante sobre todo. Sirva de inmediato.

21. Cuadritos de polenta a la parrilla

INGREDIENTES:
- 2 dientes de ajo; picado muy fino
- ¼ cucharadita de Pimienta Negra
- 2 tazas de agua
- 2 cucharadas de aceite de oliva virgen extra
- 2 tazas de caldo
- ⅓ taza de queso Cotija, rallado
- 1 taza de polenta
- 4 cucharadas de aceite de oliva, para pincelar
- ½ cebolla roja; picado muy fino
- 1 cucharadita de sal marina
- 2 cucharadas de mantequilla sin sal

INSTRUCCIONES:
a) En una cacerola grande y pesada, caliente el aceite de oliva a fuego lento.

b) Cocine la cebolla durante unos 3 minutos antes de agregar el ajo.

c) A fuego alto, hierva el caldo, el agua y la sal.

d) Reduzca el fuego a bajo y, después de que el líquido hierva a fuego lento, rocíe lentamente la polenta en un chorro fino, revolviendo continuamente.

e) Reduzca el fuego a un nivel muy bajo y siga revolviendo durante 25 a 30 minutos, o hasta que los granos de polenta se hayan ablandado.

f) Agregue la pimienta negra, Cotija y la mantequilla y mezcle bien.

g) Amontone la polenta en una asadera y distribúyala uniformemente.

h) Dejar reposar durante 1 hora a temperatura ambiente.

i) Aplique aceite a la sartén de la parrilla. Unte la polenta con aceite de oliva y córtela en 8 cuadrados.

i) Precaliente la sartén y cocine los cuadrados durante 9 minutos por cada lado o hasta que estén dorados.

22. Merienda crujiente de barbacoa

INGREDIENTES:

- 3 cucharadas de margarina o mantequilla; Derretido
- ¼ taza de salsa barbacoa
- ¾ cucharadita de sal de ajo
- ¼ de cucharadita de condimento para barbacoa
- 7 tazas de Cereal de Avena
- 1 taza de palitos de pretzel
- 1 taza de maní seco a la parrilla

INSTRUCCIONES:

a) Precaliente la parrilla a 250 grados Fahrenheit.

b) Coloque el cereal, los pretzels y las almendras en un molde para gelatina de 15 x 10 pulgadas.

c) En una cacerola pequeña, derrita la margarina.

d) Agregue la salsa de barbacoa, la sal de ajo y el condimento para barbacoa de 3 a 5 minutos, o hasta que espese un poco.

e) Vierta la salsa barbacoa uniformemente sobre el cereal. Revuelva para cubrir todo uniformemente.

f) Ase a la parrilla durante 1 hora, revolviendo cada 20 minutos.

23.   Galletas de aperitivo de queso

Hace: 1 porción

INGREDIENTES:
- 1 taza de queso cheddar rallado
- ½ taza de mayonesa
- 1 taza de harina para todo uso
- ½ cucharadita de sal
- 1 pizca de pimiento rojo molido

INSTRUCCIONES:
a) Llena la taza medidora hasta la mitad con harina.
b) Combine el queso, la margarina, la harina, la sal y el pimiento rojo en un plato mediano.
c) Refrigera por 1 hora.
d) Haga bolas de 1 pulgada con la masa.
e) En una plancha sin engrasar, coloque las bolas a 2 pulgadas de distancia.
f) Aplanar con un tenedor.
g) Ase a la parrilla durante 10 a 12 minutos y sirva de inmediato.

24. Tuercas de barbacoa

Hace: 8

INGREDIENTES:
- 1 libra de almendras crudas
- 1 libra de avellanas crudas
- 3 cucharadas de tamari
- 1 cucharada de chipotles molidos
- 1 cucharadita de sal

INSTRUCCIONES:
a) Sazone las nueces con sal y especias de chipotle.

b) Pam la bandeja para hornear y coloque las nueces en una sola capa.

c) Ahúme durante 30 minutos a 300 grados, revolviendo cada 15 minutos.

d) Dejar enfriar por completo para lograr una textura crujiente.

25. Duraznos y nueces a la parrilla calientes

INGREDIENTES:
- 3 tazas de duraznos, cortados en cubitos
- ½ cucharadita de canela en polvo
- ¼ taza de margarina
- ½ taza de nueces, picadas y tostadas
- 2 tazas de helado de vainilla
- ½ taza de azúcar moreno

INSTRUCCIONES:
a) En el fondo de una asadera de aluminio engrasada, coloque los gajos de durazno en una capa uniforme.

b) Combine la margarina, el azúcar moreno, las nueces y la canela en un plato pequeño. Vierta sobre los duraznos.

c) Cubra con una segunda fuente de aluminio para asar.

d) Coloque el paquete en la parrilla a fuego lento y cocine durante 14 a 18 minutos, o hasta que la fruta esté tierna, sacudiendo la bolsa de vez en cuando.

e) Servir caliente con helado.

26. Barbacoa de maíz jugoso

Rinde: 4 porciones

INGREDIENTES:
- 4 mazorcas de maíz sin cáscara
- 3 cucharadas de mantequilla
- 1 diente de ajo picado
- 1 cucharada de perejil fresco, picado
- ½ cucharadita de Pimienta
- ½ cucharadita de sal

INSTRUCCIONES:

a) Retire las sedas de las hojas de maíz sin separarlas de las mazorcas.

b) Remoje las mazorcas en agua durante al menos 20 minutos o hasta una hora después de volver a envolverlas en las cáscaras. Escurrir y secar bien.

c) Combine la mantequilla, el ajo, el perejil, la sal y la pimienta en un tazón.

d) Retire las cáscaras de los granos y cepille la mezcla de mantequilla sobre ellos.

e) Invierta las cáscaras sobre las mazorcas y asegúrelas con hilo de cocina.

f) En una parrilla aceitada a fuego moderado-alto, cubra y cocine por 15 minutos, volteando periódicamente, hasta que se dore.

27. Maíz en mazorca a la parrilla

Hace: 1 porción

INGREDIENTES:
- Maíz fresco en la mazorca
- Manteca; Derretido
- Sal y pimienta para probar

INSTRUCCIONES:
a) Retire las cáscaras después de cocinarlas y átelas con un trozo de cáscara para hacer una especie de asa.

b) Sazone con sal y pimienta al gusto después de sumergir en mantequilla derretida.

c) Cocine durante 4 minutos por lado en la parrilla.

d) Mientras asa, voltee el maíz varias veces para asegurarse de que todos los lados estén expuestos al calor hasta que estén dorados cuando se asen.

28. Okra cajún a la parrilla y maíz

INGREDIENTES:
- ¼ taza de jugo de limón fresco
- 1 cucharada de condimento cajún
- 1 cucharadita de ralladura de lima
- 1 diente de ajo picado
- 5½ onzas de jugo de tomate
- 3 mazorcas de maíz desgranadas, cortadas transversalmente en gajos
- ½ libra de quimbombó
- 1 pimiento rojo, cortado en cuadrados de 1 pulgada
- Aerosol vegetal para cocinar

INSTRUCCIONES:
En una bolsa de plástico grande y resistente, combine los primeros 5**INGREDIENTES:**.

a) Sella la bolsa con las verduras dentro. Refrigere por 1 hora, volteando la bolsa a la mitad.

b) Usando 6 brochetas, alternativamente brochetas de verduras.

c) Cocine durante 13 minutos o hasta que estén tiernos en una parrilla cubierta con aceite en aerosol, volteando y rociando regularmente con la marinada restante.

29.   Maíz con chile en polvo y lima

Hace: 1 porción

INGREDIENTES:
- 6 mazorcas de maíz
- 3 cucharadas de mantequilla sin sal
- 2 cucharaditas de chile en polvo
- Jugo de 2 limas frescas

INSTRUCCIONES:
a) Retire las cáscaras de las mazorcas lentamente y luego retire la seda.

b) Extienda una fina capa de mantequilla sobre el maíz. Aplique una pequeña capa de chile en polvo en cada oreja.

c) Frote el jugo de lima en las cáscaras internas de cada mazorca.

d) Ase las mazorcas en una parrilla de carbón o de gas a fuego moderadamente alto, girándolas con frecuencia para garantizar una cocción uniforme. Tomará de 15 a 20 minutos asar el maíz.

e) Sirva inmediatamente con las cáscaras puestas.

30. Maíz a la parrilla teriyaki

INGREDIENTES:

- 1 cucharada de azúcar moreno
- 2 cucharadas de agua
- 1 cucharada de pasta de tomate
- 1 cucharadita de semillas de sésamo
- 1/4 cucharadita de maicena
- 6 mazorcas de maíz fresco

INSTRUCCIONES:

En una olla grande, combine todos los ingredientes excepto el maíz.

a) Llevar a ebullición, revolviendo periódicamente.

b) Reduzca el fuego a bajo y cocine por 1 minuto. Retire del fuego.

c) Precalentar la parrilla.

d) Pele el maíz y cocine de 5 a 10 minutos, tapado.

e) Rocíe con glaseado dos o tres veces cuando esté casi listo.

31. Maíz a la Parrilla con Salsa Cremosa de Pecorino

INGREDIENTES:

- 150 g de mantequilla
- aceite de limon
- cáscara rallada de ½ limón
- 100 ml de aceite de canola
- salsa pecorino
- 2 chalotes, finamente picados
- 2 cucharadas de mantequilla sin sal
- 6 mazorcas de maíz, sin cáscara
- 200 ml de nata montada
- 200 g pecorino rallado
- 2 dientes de ajo, picados
- 1 cucharada de vinagre de vino blanco

INSTRUCCIONES:

a) Poner a hervir una cacerola con agua salada.

b) Hervir las mazorcas durante 5 minutos con las puntas hacia abajo en el agua.

c) Usando un tenedor, combine la mantequilla y el ajo en un tazón. Coloque a un lado.

d) En una cacerola pequeña, caliente la cáscara de limón y el aceite. Retire la sartén del fuego cuando comience a hervir y déjela reposar durante 10 minutos para permitir que el aceite absorba el sabor a limón.

e) En una cacerola, cocine los chalotes en mantequilla hasta que se ablanden pero no se doren. Agrega el vinagre.

f) Revuelva hasta que los chalotes hayan absorbido todo el vinagre.

g) Agregue la crema y cocine por 2 minutos más.

h) Mezcle la salsa hasta que quede suave en una licuadora de mano o procesador de alimentos, luego agregue el queso rallado. Agregue sal al gusto.

i) Precalentar la parrilla.

j) Coloque el maíz en la parrilla y cocine a la parrilla durante 5-7 minutos.

k) Retire el maíz de la parrilla, doble las hojas hacia abajo y cepille el maíz con mantequilla de ajo.

l) En un plato, coloque una mazorca encima de una pequeña cantidad de salsa.

m) Cubra con rodajas de cebollas de árbol fermentadas o dientes de ajo.

32. <u>Fruta caramelizada a la parrilla</u>

Rinde: 4 porciones

INGREDIENTES:

- 4 cucharadas de mantequilla
- 4 duraznos maduros
- 4 ciruelas rojas maduras
- 4 plátanos maduros en miniatura, cortados a lo largo
- ¼ taza de azúcar moreno oscuro

INSTRUCCIONES:

a) Precalentar la parrilla.

b) Combine la mantequilla derretida y el azúcar moreno en un tazón grande para mezclar.

c) Mezclar toda la fruta.

d) Coloque un papel de aluminio sobre la parrilla, superponiendo los lados para formar una especie de bandeja para hornear poco profunda.

e) Coloca la fruta en el papel aluminio.

f) Cocine hasta que la fruta esté dorada y caramelizada en los bordes.

33. S'mores a la parrilla

Rinde: 4 porciones

INGREDIENTES:
- Un puñado de barras de chocolate amargo
- Un puñado de M y M
- Un puñado de tazas de mantequilla de maní
- Un puñado de galletas Graham
- chocolate puñado
- malvaviscos puñado

INSTRUCCIONES:
a) Precalienta la parrilla a temperatura media.

b) En una superficie plana, coloque un trozo de papel de aluminio de 10" por 12".

c) Desmenuza una galleta Graham y colócala sobre el papel aluminio.

d) Coloque el dulce elegido en la galleta Graham, luego cúbralo con los malvaviscos de su elección.

e) Envuélvalo ligeramente en papel de aluminio y cubra con las migas de galleta Graham restantes.

f) Caliente durante 2 a 3 minutos en la parrilla, o hasta que el malvavisco se haya derretido.

34. S'mores de pimienta a la parrilla

Rinde: 6 porciones

INGREDIENTES:

- 6 pimientos asados enteros; pelado
- ½ libra de mozzarella fresca
- Pizca de sal
- 3 cucharaditas de aceite de oliva
- 1 manojo de romero
- Pizca Pimienta negra recién molida

INSTRUCCIONES:

a) Colocar un trozo de queso en cada pimiento.

b) Agregue una pequeña ramita de romero, sal, pimienta y 1/2 cucharadita de aceite de oliva para terminar. Cierra la parte superior de cada pimiento con la parte picada.

c) Precaliente la parrilla a fuego medio-alto.

d) Coloque los pimientos en la parrilla y cocine durante 2 minutos por lado, girando con pinzas hasta que el queso se haya derretido.

e) Emplatar y rociar con aceite de oliva, sazonar con sal y pimienta y cubrir con una ramita de romero. Sirva de inmediato.

35. Rodajas de queso y tomate grillado

Rinde: 4 porciones

INGREDIENTES:
- 4 segmentos de Pan, blanco
- 1 tomate grande, limpio y troceado
- 4 gajos de Queso de Cabra Redondo

Vendaje
- 2 cucharaditas de jugo de limón
- Pizca de sal
- Pizca de pimienta molida fresca
- Selección de hojas de ensalada
- 1 cucharadita de Vinagre, Balsámico
- 2 cucharadas de aceite de oliva

INSTRUCCIONES:
a) Precalentar la parrilla.

b) Corta cuatro rondas de los segmentos de pan con un cortador de metal redondo de 3 pulgadas, luego tuesta en un horno moderado durante 1-2 minutos o hasta que estén doradas.

c) Cubra las tostadas con las rodajas de tomate y queso de cabra y caliente durante 4-5 minutos más, hasta que estén doradas.

Combina el aderezo**INGREDIENTES:**, luego coloque las rondas de queso de cabra a la parrilla sobre una cama de hojas de lechuga en platos para servir.

d) Espolvorea el aderezo por encima y sirve de inmediato.

36.   <u>Segmentos de queso azul a la parrilla</u>

Hace: 8 Segmentos

INGREDIENTES:
- 2 cucharadas de queso parmesano
- ¼ taza de margarina o mantequilla ablandada
- ½ Hogaza de Pan Francés cortado horizontalmente
- ¼ taza de queso azul

INSTRUCCIONES:
a) Combina la margarina y el queso.

b) Extienda la mezcla de queso en un lado rebanado.

c) Envuélvalo bien en papel de aluminio.

d) Ase el pan durante 6 minutos, girando una vez, a una distancia de 5 a 6 pulgadas de las brasas moderadas.

VERDURAS SIMPLES

37. <u>Shiitake con whisky y adobo de miso</u>

INGREDIENTES:

- 600 g de shiitake

Escabeche

- 4 cucharadas de whisky
- 4 cucharadas de aceite de canola
- 2 cucharadas de miso oscuro
- 2 cucharadas de tamari
- jugo de ½ lima
- 1 cucharada de azúcar de caña
- 1 diente de ajo
- 1 cucharadita de aceite de sésamo

Servir

- 6 yemas de huevo
- escamas de sal marina

INSTRUCCIONES:

Combinar toda la marinada**INGREDIENTES:**.

a) Limpiar y cortar los champiñones en rodajas gruesas. Pincélalos con la marinada y colócalos en una hoja de papel para hornear.

b) Precalentar la parrilla.

c) Ase los champiñones, volteándolos y cubriéndolos con adobo adicional según sea necesario. Los champiñones estarán listos cuando adquieran un hermoso color marrón dorado caramelizado.

d) Coloca los champiñones en un plato. En el centro del plato, coloque una yema de huevo y adorne con tomillo, escamas de sal marina y pétalos de aciano.

38. Berenjenas Marinadas En Cerveza Con Shiitake

INGREDIENTES:

Berenjenas marinadas en cerveza
- 3 berenjenas grandes
- 330 ml de cerveza
- 2 dientes de ajo, ligeramente machacados
- 2 cucharadas de vinagre de malta
- 2 cucharaditas de sal

Salsa de tomate
- 1 cucharada de puré de tomate
- 6 tomates grandes
- 2 cucharadas de aceite de oliva
- 1 cucharada de vinagre de vino blanco
- 1 cucharada de espino amarillo en polvo
- 100 ml de caldo de champiñones
- Shiitake salteado en mantequilla
- 2 cucharadas de aceite de canola
- 300 g de shiitake
- 2 cucharadas de mantequilla sin sal
- 1 cucharada de whisky
- Sal
- 2 cebollas, finamente picadas

Servir
- 2–3 ramitas de cilantro

INSTRUCCIONES:

En una bolsa de plástico, combine el marinado**INGREDIENTES:**, luego agregue las rodajas de berenjena.

a) Refrigere durante 7-8 horas.

b) Cortar por la mitad y rallar finamente los tomates en un bol.

c) Caliente el aceite de oliva en una sartén mediana y dore las cebollas.

d) Sube un poco la temperatura después de añadir el puré de tomate.

e) Vierta el vinagre, el polvo de espino amarillo, el caldo de champiñones y los tomates rallados.

f) Cocine a fuego lento durante 20-30 minutos, sazonando al gusto.

g) Retire las rodajas de berenjena marinadas y cocine a la parrilla hasta que tengan una costra y un color intenso.

h) En una sartén, caliente el aceite de canola hasta que empiece a humear.

i) Agregue los champiñones y cocine por 5 minutos.

j) Reduzca el fuego y luego agregue la mantequilla.

k) Servir en una fuente o en un bol. Vierta un poco de salsa de tomate encima de las rodajas de berenjena, luego cubra con los champiñones y el cilantro.

39. Espárragos a la Plancha con Burrata

Hace: 6

INGREDIENTES:
- 1 kg de espárragos
- 2 cucharadas de aceite de canola
- Salsa de kumquat
- 12 kumquats, en rodajas
- 2 cucharadas de cúrcuma rallada
- 1 vaina de vainilla partida a lo largo
- anís de 3 estrellas
- 100 ml de miel
- 300 ml de agua

Servir
- 6 bolas de burrata
- 6 yemas de huevo
- 6 cucharadas de trigo sarraceno tostado
- 6 cucharaditas de ceniza de puerro

INSTRUCCIONES:
En una cacerola a fuego alto, hierva todos los ingredientes durante 10 minutos.

a) Usando un colador, cuele la salsa en un tazón.

b) Combine los espárragos cortados con el aceite de canola en un tazón.

c) Coloque los espárragos en la parrilla durante 5 minutos, rodándolos periódicamente de un lado a otro.

d) Rompe una bola de burrata por la mitad.

e) Colóquelo en una bandeja y coloque un montón de espárragos al lado, cúbralo con la yema de huevo, luego corte la burrata hasta que la yema fluya.

f) Rocíe 3-4 cucharadas de salsa de kumquat encima.

40. <u>Salmuera oriental con verduras a la plancha</u>

Rinde: 2 1/2 tazas

INGREDIENTES:
- 6 dientes de ajo; picado
- 2 cucharadas de jengibre; picado
- 2 limas
- ½ taza de hojas de menta; cortado en cubitos
- ½ taza de cilantro; cortado en cubitos
- ½ taza de albahaca; cortado en cubitos
- 3 cebollas verdes; picado
- 8 chiles serranos; picado
- ½ taza de aceite de oliva
- ½ taza de Jerez; seco
- ¼ taza de salsa de ostras
- ¼ taza de salsa de soya
- ¼ taza de miel
- 1 cucharada de salsa de chile

INSTRUCCIONES:
a) Saque y ralle la ralladura de las limas y el jugo de las limas.
b) Mezclar INGREDIENTES: y marinar.
c) Asar durante 2 horas girando de vez en cuando y, pincelando con salmuera.

41. <u>Coliflor a la parrilla con gremolata</u>

Hace: 6

INGREDIENTES:
- 2 cabezas de coliflor
- 100 ml de aceite de canola
- 150 g de mantequilla sin sal
- sal
- gremolata
- 6 cucharadas de hojas de perejil finamente picadas
- 2 cucharadas de piñones, tostados
- 1 cucharada de chile verde finamente picado
- 1 cucharada de ajo finamente picado
- 1 limón, finamente rallado
- escamas de sal marina
- 90 g de grosellas blancas

INSTRUCCIONES:
a) Coloque una hoja de papel para hornear encima de una hoja de papel de cocina un poco más grande.
En un plato para mezclar, combine toda la gremolata**INGREDIENTES:**s.
b) Cepille cada rebanada de coliflor ligeramente con aceite por ambos lados.
c) Colóquelos en el papel de hornear, unte con mantequilla y sazone con sal. Parrilla.
d) Doblar en un paquete y volver a la parrilla.
e) Después de 30 minutos, abre el paquete y verifica que la coliflor haya adquirido un hermoso color marrón dorado.
f) Coloque una rodaja de coliflor en cada plato, luego cubra con una cucharada generosa de gremolata y las grosellas blancas.

42. Guisantes a la parrilla y cebolletas con brotes de soja

Hace: 6

INGREDIENTES:
- 12 cebolletas pequeñas
- 3 cucharadas de aceite de oliva
- 1 kg de guisantes en vaina
- 125 g de brotes de soja
- 10 g de hojas de menta picadas
- escamas de sal marina

INSTRUCCIONES:
a) Partir las cebolletas a lo largo, conservando tantas hojas como sea posible.

b) Cepille los bordes cortados de las cebolletas con aceite.

c) Coloque las cebolletas en la parrilla y cocine por 10 minutos, o hasta que comiencen a ablandarse y hayan tomado un poco de color.

d) Darles la vuelta y cocinar por 5 minutos más.

e) Ponga a un lado las cebolletas en un plato grande para mezclar.

f) Coloque los guisantes en sus vainas en la parrilla y cocine hasta que las vainas comiencen a ennegrecerse, 5 minutos. Dejar otros 5 minutos después de darles la vuelta.

g) Retire los guisantes de las vainas cuando estén lo suficientemente fríos para manipularlos y colóquelos en el recipiente con las cebolletas.

h) Vierta el aceite restante en el recipiente, seguido de los brotes de soja y la menta.

i) Sazone con sal y revuelva hasta que todo esté aireado, idealmente con las manos.

43.   Shiitakes a la brasa

Rinde: 4 porciones

INGREDIENTES:

- 8 onzas de shiitakes, lavados y sin tallos
- 1 cucharada de aceite de oliva
- 1 cucharada de tamari
- 1 cucharada de ajo, triturado
- 1 cucharadita de romero picado
- sal y pimienta negra
- 1 cucharadita de jarabe de arce
- 1 cucharadita de aceite de sésamo
- edamame

INSTRUCCIONES:
Marinar los champiñones durante 5 minutos con los demás ingredientes.

a) Asa los sombreros sobre las brasas hasta que estén ligeramente dorados.
b) Cubrir con edamame.

44. <u>Verduras de confeti a la parrilla</u>

Rinde: 4 porciones

INGREDIENTES:

- 8 tomates cherry; - reducido a la mitad, hasta 10
- 1½ taza de maíz cortado de la mazorca
- 1 pimiento rojo dulce; en juliana
- ½ pimiento verde; en juliana
- 1 cebolla pequeña; Segmentario
- 1 cucharada de hojas de albahaca fresca; cortado en cubitos
- ¼ de cucharadita de cáscara de limón rallada
- Sal y pimienta; probar
- 1 cucharada + 1 cucharadita de mantequilla sin sal o; margarina; cortar

INSTRUCCIONES:

Incorpore todos los ingredientes excepto la mantequilla en un tazón grande para mezclar.

a) Coloque cada mitad en el centro de una hoja de papel de aluminio resistente.

b) Engrasar las verduras con mantequilla y sellar el papel aluminio.

c) Ase los paquetes de papel de aluminio durante 15 a 20 minutos sobre brasas moderadamente calientes o hasta que las verduras estén cocidas.

d) Sirva de inmediato.

45. Caen verduras a la parrilla

Hace: 1 porción

INGREDIENTES:
- 2 papas, cortadas en cubitos
- 1 calabaza bellota, cortada en cubitos
- ¼ taza de mantequilla; Derretido
- 1 cucharada de tomillo
- Sal y pimienta para probar
- 2 batatas, cortadas en cubitos
- 3 cucharadas de aceite vegetal

INSTRUCCIONES:
a) Prepare la parrilla para asar indirectamente.
b) Combine las verduras, el aceite, la sal y la pimienta en un tazón.
c) En un plato pequeño, combine la mantequilla y el tomillo.
d) Coloque las verduras en la parrilla.
e) Cocinar durante 15 minutos con la tapa cerrada.
f) Voltee, cepille con la mezcla de mantequilla y tomillo y cocine por otros 15 minutos hasta que las verduras estén blandas.

46. Remolacha roja asada con queso feta y dukkah

Hace: 6

INGREDIENTES:
- 6 remolachas rojas pequeñas
- 6 rebanadas de pan de masa madre
- mantequilla sin sal
- 2 onzas. queso feta, preferiblemente hecho con leche de cabra
- 6 cucharaditas de Dukkah
- hierbas mixtas frescas, por ejemplo, orégano, perejil, shiso y albahaca
- escamas de sal marina

INSTRUCCIONES:
a) Recoja las remolachas y colóquelas en el lado de la parrilla sin carbón.
b) Cierra la tapa y asa durante 1 hora a fuego indirecto, hasta que las remolachas estén tiernas al presionarlas ligeramente.
c) Pelar las remolachas.
d) Unte con mantequilla los trozos de pan, luego áselos rápidamente por un lado sin mantequilla, luego voltéelos y caliéntelos hasta que aparezcan rayas claras en la parrilla.
e) Cortar las remolachas y cubrir con queso feta se desmorona. Coloque en la parrilla durante 2 minutos para derretir el queso.
f) Coloque unas rebanadas de remolacha con queso feta en cada rebanada de pan tostado, cubra con Dukkah, hierbas y escamas de sal marina, y sirva.

47. <u>Verduras a la parrilla en salmuera</u>

Rinde: 6 porciones

INGREDIENTES:

- 2 tazas de aceite de oliva virgen extra
- ½ taza de vinagre balsámico
- 2 cucharadas de chalotes picados
- 1 cucharada de pasta de ajo picada
- ½ taza de gasa de albahaca
- 1 cabeza de achicoria; descuartizado
- 2 tomates criollos; Segmentario
- 1 cebolla roja; Segmentario
- 1 calabacín; Segmentario
- 2 tazas de hongos silvestres variados segmentados
- 1 calabaza amarilla; Segmentario
- ½ libra de espárragos; blanqueado
- 1 cucharadita de sal
- 1 cucharadita de pimienta negra recién molida

INSTRUCCIONES:

a) Calentar la parrilla. Sazone las verduras con 2 cucharadas de aceite de oliva, sal y pimienta.

b) Asa las verduras (excepto los champiñones) durante 2 minutos por cada lado.

c) Combine el aceite de oliva, el vinagre, los chalotes, el ajo y la albahaca en un tazón.

d) Condimentar con sal y pimienta.

e) En un plato de soufflé de vidrio, alterne las capas de las diferentes verduras.

f) Vierta la salmuera sobre las verduras y deje marinar durante 12 horas o toda la noche.

48. Chimichurri de verduras a la plancha

Rinde: 4 porciones

INGREDIENTES:
- 1⁄2 taza de aceite de oliva
- 2 cucharaditas de tomillo fresco
- 2 chalotes, en cuartos
- 3 dientes de ajo, machacados
- 1⁄3 taza de hojas de perejil fresco
- 1⁄4 taza de hojas de albahaca fresca
- 1⁄2 cucharadita de sal
- 2 cucharadas de jugo de limón fresco
- 1 cebolla roja, en cuartos
- 1 batata, pelada y cortada en cubitos
- 1 calabacín, cortado en diagonal
- 2 plátanos maduros, cortados a la mitad a lo largo
- 1⁄4 cucharadita de pimienta negra

INSTRUCCIONES:
a) Precalentar la parrilla.

b) En un procesador de alimentos, pique finamente los chalotes y el ajo.

c) Pulse hasta que el perejil, la albahaca, el tomillo, la sal y la pimienta estén finamente picados. Procese hasta que el jugo de limón y el aceite de oliva estén bien combinados. Mover a un tazón pequeño.

d) Pintar las verduras con la salsa Chimichurri.

e) Póngalos en la parrilla para cocinar.

f) Continúe asando hasta que las verduras estén blandas, de 10 a 15 minutos para todo excepto los plátanos, que deben estar listos en 7 minutos.

g) Servir inmediatamente con un chorrito de la salsa sobrante.

ACOMPAÑANTES A LA PARRILLA

49. Puerros suaves al champán a la parrilla

Rinde: 4 porciones

INGREDIENTES:

- 1 taza de caldo
- 6 fugas, recortadas
- 2 cucharadas de aceite de oliva
- 1 taza de tomillo fresco; aproximadamente cortado en cubitos
- 2 tazas de champán
- 1 taza de queso feta
- Sal y pimienta; probar

INSTRUCCIONES:

a) Caliente el aceite de oliva en una sartén grande para dorar a fuego medio.

b) Agrega el tomillo al aceite caliente y bate durante 1 minuto.

c) Cocine por 3 minutos, o hasta que los puerros estén ligeramente dorados.

d) Agregue el champán y el caldo y cocine a fuego lento durante 8 minutos. Dejar de lado.

e) Mientras tanto, asa los puerros durante 8 a 10 minutos sobre un fuego de carbón moderadamente caliente, girando varias veces.

f) Retire los puerros de la parrilla y córtelos por la mitad a lo largo.

g) Sirva inmediatamente, cubriendo cada porción con queso feta y un chorrito de la salsa reducida.

50.   Papas Russet a la parrilla con queso cheddar

Rinde: 4 porciones

INGREDIENTES:

- 3 papas Russet, cada una cortada en 8 gajos a lo largo
- 1 cebolla, finamente segmentada
- 2 cucharadas de aceite de oliva
- 1 cucharada de perejil fresco picado
- ½ cucharadita de ajo en polvo
- ½ cucharadita de sal
- ½ cucharadita de pimienta molida gruesa
- 1 taza de queso cheddar rallado

INSTRUCCIONES:

a) Combine los gajos de papa, la cebolla, el aceite, el perejil, el ajo en polvo, la sal y la pimienta en un tazón grande para mezclar.

b) Coloque una sola capa en una fuente de aluminio para asar. Cubra con una segunda fuente de aluminio. Use papel de aluminio para reforzar el borde sellado del paquete.

c) Coloque en una parrilla a fuego medio y cocine durante 40 a 50 minutos, o hasta que estén tiernos, sacudiendo el paquete de vez en cuando y girándolo boca abajo a la mitad de la cocción. Retire la tapa y cubra con queso.

d) Cocine de 3 a 4 minutos más, tapado, hasta que el queso se derrita.

51. <u>Calabacín y calabacín a la parrilla</u>

Rinde: 4 porciones

INGREDIENTES:
- ¼ taza de aceite de oliva
- ¼ taza de chile fresco picado
- 2 cucharadas de semillas de Comino
- Sal y pimienta para probar
- 2 calabacines, cortados a lo largo
- 2 calabazas de verano, cortadas
- ¼ taza de aceite de oliva
- ⅓ taza de jugo de limón fresco
- 3 cucharadas de miel
- ¼ taza de cilantro fresco cortado en cubitos
- Sal y pimienta para probar
- 1 cucharada de ajo picado

INSTRUCCIONES:
a) En un plato pequeño, mezcle todos los INGREDIENTES del aderezo: y déjelos a un lado.

b) Combine el aceite de oliva, el ajo, el chile y las semillas de Comino en un tazón mediano.

c) Mezcle bien las tablas de calabaza y calabacín hasta que las calabazas estén cubiertas.

d) Precaliente la parrilla a fuego medio-alto y cocine las calabazas durante unos 3 minutos por cada lado, o hasta que estén bien doradas.

e) Retire las calabazas de la parrilla, colóquelas en una bandeja y rocíe con el aderezo.

52. Bok Choy a la parrilla

INGREDIENTES:

- 2 cabezas de bok choy
- ¼ taza de vinagre de vino de arroz
- 1 cucharada de salsa de chile
- Sal y pimienta
- ¾ taza de aceite vegetal
- 2 cebolletas; cortado en cubitos
- 2 cucharadas de semillas de sésamo

INSTRUCCIONES:

a) En un plato, combine el vinagre, la salsa picante, la sal y la pimienta.

b) Agrega el aceite. Mezcle bien las cebollas y las semillas de sésamo.

c) Precaliente la parrilla y coloque los trozos de bok choy de 2 a 5 minutos, hasta que estén tiernos y crujientes.

53. Zanahorias asadas al carbón con caldo Lovage

Hace: 6

INGREDIENTES:
- 6 zanahorias medianas, preferiblemente moradas

Caldo de apio de monte
- 2 litros de Caldo de Verduras
- 1 cucharada de vinagre de vino blanco
- 1 pieza de cúrcuma, rebanada con piel
- 1 cucharadita de granos de pimienta negra
- 1 ramita de apio de monte
- 1 cucharadita de pimienta de Sichuan
- 1 cucharadita de semillas de cilantro

Servir
- apio de monte
- hojas de perejil
- berro
- aceite de canola prensado en frío

INSTRUCCIONES:
a) Lleve a ebullición el caldo de verduras, la cúrcuma, los granos de pimienta, las semillas de cilantro y la pimienta de Sichuan. Mezcla el apio de monte y el vinagre.

b) Revuelva un par de veces, luego cubra y deje reposar durante 20 minutos. Colar y sazonar con sal y pimienta.

c) Llene la parrilla hasta la mitad con carbón o leños para que luego pueda asar las zanahorias con calor indirecto. Encienda la parrilla y, una vez que esté caliente, coloque las zanahorias directamente sobre las brasas para permitir que la capa exterior se queme. Usando pinzas, gire muchas veces.

d) Recoja las zanahorias y colóquelas en el lado de la parrilla sin carbón.

e) Asar durante 30 minutos a fuego indirecto.

f) Emplatar y luego terminar con caldo y unas gotas de aceite de canola fragante.

54.   Espárragos a la Parrilla

Hace: 4

INGREDIENTES:
- 1 manojo de espárragos
- 1/2 taza de vinagre balsámico
- pizca de sal

INSTRUCCIONES:
a) Precaliente la parrilla, ya sea a gas o carbón.

b) Espere de 15 a 30 minutos para que el vinagre penetre en los espárragos. Marinar durante 1 hora para obtener el sabor óptimo.

c) Coloque lentamente los espárragos sobre la rejilla superior de la parrilla.

d) Cocine hasta que esté crujiente, tierno y bellamente dorado.

55. Hongos portobello a la parrilla

Rinde: 4 porciones

INGREDIENTES:
- 1/4 cucharadita de cebolla en polvo
- 4 champiñones portobello, sin tallos
- Pizca de sal
- 1/2 taza de pimiento rojo picado
- 4 cucharadas de aceite de oliva
- 1/2 cucharadita de pimienta negra
- 1 diente de ajo, picado

INSTRUCCIONES:
a) Precaliente una parrilla exterior a fuego medio y engrase ligeramente la rejilla de la parrilla.

b) En un tazón grande, combine el pimiento rojo, el ajo, el aceite, la cebolla en polvo, la sal y la pimienta negra molida.

c) Asa los champiñones durante 15 a 20 minutos a fuego indirecto y luego sírvelos con la mezcla de pimiento rojo.

56. Patatas fritas especiadas a la parrilla

Rinde: 4 a 6 porciones

INGREDIENTES:
- 1 libra de Papas, segmentadas en frituras y sancochadas
- 3 cucharadas de aceite de oliva
- 2 cada uno dientes de ajo, picados
- Sal y pimienta
- 1½ cucharadita de chile en polvo
- 3 cucharadas de aceite vegetal
- 1 pizca de Cayena

INSTRUCCIONES:
a) Combina la mezcla de especias.
b) Escurrir las papas sancochadas e inmediatamente echarlas en la mezcla de especias que se ha preparado.
c) Mezcle suavemente y transfiera a una parrilla caliente.
d) Asa las papas fritas sobre brasas calientes.
e) Rocíe las papas con la mezcla de especias sobrante mientras continúan cocinándose.

57. Col rizada asada

Hace: alrededor de 8-10

INGREDIENTES:
- 500 g de col rizada
- Una pizca de sal marina
- 4 dientes de ajo pequeños
- ½ taza de aceite de oliva
- Una pizca de pimienta negra molida

INSTRUCCIONES:
a) Precaliente el horno a 120 grados Celsius (250 grados Fahrenheit/Gas 12).
b) Rocíe aceite de oliva sobre las hojas de col rizada y el ajo en una bandeja para hornear.
c) Sazone bien con sal y pimienta y luego cocine a la parrilla durante 20 minutos.
d) Retire las hojas asadas y colóquelas sobre una rejilla para que se enfríen, usando el papel de hornear para recoger el aceite extra.

PIZZA, PAN Y QUESADILLAS

58. Pan de queso a la parrilla

Rinde: 2 sándwiches

INGREDIENTES:
- 3 onzas de queso crema
- 1/4 taza de cebollas verdes picadas con parte superior
- 2 cucharadas de mantequilla o margarina
- 1/2 cucharadita de sal de ajo
- 1 taza de queso mozzarella rallado
- 1 barra de pan francés

INSTRUCCIONES:

a) Combine el queso crema y la mantequilla en un tazón.

b) Mezcle el queso, las cebollas y la sal de ajo.

c) Extienda en ambos lados de cada sección de pan.

d) Envuelve un papel aluminio alrededor del pan.

e) Ase a la parrilla, cubierto, durante 8-10 minutos sobre brasas moderadas, girando una vez

f) Retire el papel aluminio y cocine por otros 5 minutos.

59. <u>Calzones a la parrilla</u>

Rinde: 6 Calzones

INGREDIENTES:
- 8 gajos de pan de molde blanco
- 2 tazas de queso Monterey Jack rallado
- 12 gajos finos de salami vegano
- 2 cucharadas de margarina
- 1/2 taza de salsa para pizza

INSTRUCCIONES:
a) Precaliente la parrilla de carbón o gas.

b) Unte la margarina en un lado de dos rebanadas de pan.

c) Coloque 1 segmento en la parrilla, con la margarina hacia arriba.

d) En el centro del pan, esparcir la salsa para pizza.

e) Espolvorea con 1/2 taza de queso y tres segmentos de salami vegano encima.

f) Cubra con el segmento de pan restante, con la margarina hacia abajo.

g) Ase a la parrilla durante 8 a 10 minutos, girando una vez, a fuego moderado, hasta que el pan esté dorado y el queso se derrita.

60. Pizzas de pan pita

Rinde: 1 pizza

INGREDIENTES:
- 3 cucharadas de salsa para pizza
- 1 pita
- 1 cucharadita de aceite de oliva
- 1/2 taza de queso mozzarella, rallado
- 1/4 taza de champiñones crimini, en rodajas
- 1/8 cucharadita de sal de ajo

INSTRUCCIONES:
a) Precalentar la parrilla.
b) Unta aceite de oliva sobre la pita.
c) Agregue la salsa y el queso, luego cubra con las verduras.
d) Sazone con sal de ajo.
e) Aceite la parrilla ligeramente.
f) Precaliente la parrilla y cocine hasta que el queso se derrita por completo.

61. Sándwiches de pizza

Rinde: 4 porciones

INGREDIENTES:
- Pan
- Manteca
- 1 lata de salsa para pizza
- Pepperoni
- 1 paquete de Queso para Pizza Rallado

INSTRUCCIONES:
a) Coloque el pan sobre una bandeja para hornear.

b) Cubra con salsa para pizza, pepperoni y queso para pizza.

c) Unte con mantequilla otra rebanada de pan y colóquela encima de su sándwich de pizza.

d) Envuelva su sándwich de pizza en papel de aluminio y cocine durante 3-4 minutos por lado sobre brasas calientes.

62. Pan a la parrilla con tomates

Rinde: 4 porciones

INGREDIENTES:

- 4 tomates maduros grandes, lavados y cortados en cubitos
- ¼ taza de hojas de albahaca, rotas
- 6 gajos de pan, rebanados y partidos por la mitad
- 3 dientes de ajo grandes, ligeramente machacados
- Sal y pimienta
- 4 cucharadas de aceite de oliva

INSTRUCCIONES:

a) Mézclalos con las hojas de albahaca en un tazón pequeño.

b) Ase los segmentos de pan hasta que estén dorados por ambos lados. Usando un diente de ajo, frote cada segmento.

c) Extienda parte de la mezcla de tomate sobre la tostada, sazone con sal y pimienta y rocíe con aceite de oliva.

63. Pan a la parrilla con berenjena

Hace: 6

INGREDIENTES:

- 2 berenjenas
- 2 pimientos rojos
- aceite de oliva virgen extra
- 3 cucharadas de aceite de oliva
- 6 gajos de pan de campo o campesino
- sal marina al gusto
- 1 diente de ajo grande, partido por la mitad
- 3 tomates maduros pequeños, cortados a la mitad en cruz; inteligente

INSTRUCCIONES:

a) Asa las berenjenas y los pimientos rojos a la parrilla.

b) Asa las verduras hasta que estén totalmente carbonizadas y la berenjena esté tierna, volteándolas con unas pinzas cada pocos minutos.

c) Desenvuelva las verduras y quíteles la piel después de 20 minutos. Retire el corazón, raspe las semillas y luego corte la pulpa en tiras largas y finas después de cortar los pimientos por la mitad a lo largo.

d) En un plato, combine los pimientos y la berenjena con aceite de oliva y ajo.

e) Mientras el pan aún está caliente, unte un diente de ajo en la corteza.

f) Frote las mitades de tomate en la tostada.

g) Espolvorea con sal y aceite de oliva, luego cubre con una maraña de escalivada.

64. <u>Panini a la parrilla</u>

Rinde: 1 porción

INGREDIENTES:

- 1 cucharadita de levadura
- 3¼ taza de harina
- 1½ cucharadita de sal
- ½ cucharadita de azúcar
- 1¼ taza de agua tibia
- 3 cucharadas de aceite de oliva

INSTRUCCIONES:

En el orden especificado, coloque los ingredientes en el recipiente de la panificadora.

a) Después de completar el ciclo, divida la masa en seis partes.

b) Amasar la masa en bolas, luego extenderla en óvalos.

c) Hornea el panini durante unos 7 minutos o hasta que esté hinchado.

d) Cortar a lo largo y luego rellenar con una variedad de quesos, encurtidos y ensaladas.

e) Tueste su Panini en su parrilla para sándwiches hasta que esté dorado.

65. Pan grill con cebolla y hierbas

Rinde: 6 porciones

INGREDIENTES:

- 1 paquete de levadura seca activa
- 1¼ taza de agua tibia
- 1½ tazas de harina integral o de arroz integral
- 1 manojo de cebolletas
- 1 cucharada de romero; en cubitos
- 1 cucharada de tomillo; en cubitos
- 1 cucharada de salvia; en cubitos
- 1 cucharada de aceite de oliva
- 2 cucharaditas de sal
- 2 tazas de harina sin blanquear
- Spray para cocinar

INSTRUCCIONES:

a) Disuelva la levadura en agua en un tazón grande y reserve hasta que burbujee. Agregue la harina de trigo integral, las cebolletas, el romero, el tomillo y la salvia, uno a la vez.

b) Combine el aceite de oliva, la sal y la harina blanca.

c) Amasar durante 10 minutos sobre una superficie ligeramente enharinada, agregando harina adicional según sea necesario para evitar que se pegue.

d) Forme una bola y colóquela en una fuente para horno ligeramente rociada.

e) Precaliente la parrilla a fuego medio-alto.

f) Haz seis bolas con la masa.

g) Coloque los panes en la parrilla y cocine durante 2 a 3 minutos por cada lado, volteando a la mitad, hasta que estén bien marcados y dorados.

66. Quesadillas de frijoles negros a la parrilla

146

Hace: 1 porción

INGREDIENTES:

- 2 cucharadas de tomate; en cubitos
- 2 cucharadas de cebolla verde; en cubitos
- 2 cucharadas de maíz a la parrilla
- 1 cucharada de Cilantro; en cubitos
- ¼ taza de frijoles negros, cocidos y machacados
- 8 onzas de queso cheddar; rallado
- 1 pizca de comino
- 1 pizca de chile chile
- Pizca de sal
- Salsa
- Pizca de pimienta molida
- 4 tortillas de harina
- 8 pimientos morrones de varios colores, cortados en cubitos

INSTRUCCIONES:
a) Precalentar la parrilla a temperatura moderada.
En un plato, combine todos los ingredientes.
b) En la parte superior de la tortilla, extienda finamente la mezcla de relleno.
Coloque la segunda tortilla encima de los ingredientes.
c) Rocíe las tortillas superior e inferior ligeramente con aceite en aerosol Pam.
d) Coloque la quesadilla en la parrilla y cocine de 4 a 5 minutos por un lado.
e) Voltea y dora por unos minutos.
f) Sirve con la salsa de tu elección.

67. <u>Quesadillas picantes con queso a la parrilla</u>

Rinde: 8 porciones

INGREDIENTES:

- 3 cucharadas de aceite vegetal
- ½ cebolla roja pelada finamente
- 8 tortillas de harina
- 1 cáscara de pimiento rojo a la parrilla
- 4 onzas de queso mozzarella, rallado
- 6 onzas de queso Monterey Jack, rallado
- 2 dientes de ajo, picados
- 2 cucharadas de mejorana fresca picada
- 2 cucharadas de orégano fresco cortado en cubitos
- ½ cucharadita de sal
- 1 pizca de pimienta negra

INSTRUCCIONES:

a) A fuego medio, cocine la cebolla, revolviendo ocasionalmente, hasta que se ablande y esté transparente, aproximadamente 5 minutos.

b) Precalienta una plancha a fuego alto.

c) Combine la cebolla, las tiras de pimiento rojo, el queso, el ajo, la mejorana, el orégano, la sal y la pimienta en un tazón grande para mezclar y coloque el relleno entre la quesadilla.

d) Asa las tortillas durante 3 minutos por cada lado o hasta que el queso se derrita y se dore suavemente.

68. Quesadillas de verduras a la plancha

Rinde: 4 porciones

INGREDIENTES:

- 2 pimientos rojos
- 1 pimiento verde
- 2 pimientos amarillos
- 2 chiles Anaheim; sembrado
- 1 cebolla; pelado y segmentado
- 1 aguacate grande; pelado y triturado
- 3 cucharadas de yogur colado
- 1 cucharada de queso parmesano recién rallado
- ⅛ de cucharadita de pimienta negra recién molida
- 4 tortillas integrales
- 6 tomates; reducido a la mitad y sin semillas
- 3 cucharadas de cilantro fresco picado

INSTRUCCIONES:
a) Coloque los tomates, los pimientos y la cebolla directamente en la parrilla. Dejar de lado.
b) Retire las pieles de pimienta negra carbonizadas pelándolas o enjuagándolas.
c) Extienda el puré de aguacate, el yogur colado, el queso parmesano y la pimienta negra sobre las tortillas de manera uniforme.
d) Coloque las verduras asadas en capas en el siguiente orden: cebollas, tomates, pimientos amarillos, rojos, verdes y Anaheim.
e) Enrolle la quesadilla desde el lado cargado hacia la solapa vacía y espolvoree con cilantro.
f) Transfiera las quesadillas a una plancha y cocine a la parrilla durante 10 minutos después de cubrirlas con papel aluminio.

SANDWICHES Y HAMBURGUESAS

69. Hamburguesas de arroz con lentejas

Rinde: 8 porciones

INGREDIENTES:

- ¾ taza de lentejas
- 1 camote
- 10 hojas de espinacas frescas, ralladas
- 1 taza de champiñones frescos, cortados en cubitos
- ¾ taza de pan rallado
- 1 cucharadita de estragón
- 1 cucharadita de ajo en polvo
- 1 cucharadita de perejil en hojuelas
- ¾ taza de arroz de grano largo

INSTRUCCIONES:

a) Cocine el arroz hasta que esté suave y ligeramente pegajoso, luego agregue las lentejas.

b) Picar una batata pelada cocida.
Combine la mezcla de arroz, batata y todos los demás ingredientes en un tazón.

c) Refrigere de 15 a 30 minutos. Forme empanadas y cocine en una barbacoa al aire libre con una parrilla de verduras.

d) Asegúrese de engrasar o rociar la sartén con Pam para evitar que las hamburguesas se peguen.

70.   Hamburguesa de frijol mungo con aceitunas

Rinde: 4 porciones

INGREDIENTES:
- 1/2 taza de frijoles mung verdes, remojados y cocidos
- 1 cucharada de linaza dorada, molida
- ¼ cucharadita de pimienta negra
- ½ taza de aceitunas Kalamata, finamente picadas
- ½ cucharadita de orégano
- ¼–½ cucharadita de sal marina celta
- 1 cucharada de pasta de tomate orgánica
- 1 cucharada de tomates secados al sol, cortados en cubitos
- ¼ taza de perejil fresco, picado
- ½ taza de cebolla, picada
- 2 dientes de ajo, picados

INSTRUCCIONES:
a) Precaliente el horno a 375 grados Fahrenheit.

b) En un tazón, combine la linaza y el agua.

c) En un procesador de alimentos, haga puré los frijoles hasta que tengan una textura suave.

d) Colóquelo en un recipiente para mezclar de tamaño mediano.

e) Mezcle las aceitunas, la cebolla, el ajo, los tomates secados al sol, el perejil, las especias, la pasta de tomate y la mezcla de lino.

f) Forme de 4 a 6 hamburguesas y distribúyalas uniformemente en una plancha.

g) Cocine por 15 minutos por un lado, luego voltee y cocine por otros 5 minutos.

71. Hamburguesa de frijoles negros con queso cheddar y cebollas

INGREDIENTES:

- 400 g de frijoles negros cocidos
- aceite de maní para freír
- 65 g de cebolla finamente picada
- 1 cucharadita de pimentón ahumado
- 3 cucharadas de salsa barbacoa
- 1 cucharadita de chile en polvo
- 50 g de nueces tostadas en seco
- 2 cucharadas de cilantro finamente picado
- 100 g de arroz negro hervido
- 25 g pan rallado panko
- sal marina
- cebollas caramelizadas
- 2 cebollas
- 2 cucharadas de mantequilla
- 1 cucharada de vinagre de vino tinto

Servir

- 120 g de queso cheddar
- 6 panes de hamburguesa, cortados por la mitad
- mantequilla para los bollos
- hojas de lechuga romana

INSTRUCCIONES:

a) En una sartén, caliente el aceite y saltee las cebollas.

b) Baje el fuego a bajo y agregue el chile y el pimentón.

c) Agregue la salsa BBQ.

d) En un tazón, mezcle las nueces con los frijoles, el cilantro, el arroz, las migas de pan panko y un toque de sal.

e) Agregue la mezcla de cebolla hasta que esté bien mezclado.

f) Forme 6 tortitas circulares con un puñado de la mezcla a la vez, luego envuélvalas con film transparente.

g) Refrigerar durante al menos una hora.

h) Ponga las cebollas en una olla fría después de pelarlas y picarlas. Ponga la mantequilla en la cacerola y póngala a fuego medio, luego cúbrala.

i) Vierta el vinagre, suba el fuego y cocine durante unos 15 minutos, o hasta que el líquido se haya reducido mucho.

j) Caliente la parrilla a 350 grados Fahrenheit y luego greboce las hamburguesas durante unos minutos por ambos lados, hasta que adquiera un buen color.

k) Cubra cada hamburguesa con un par de rebanadas de queso y cocine a la parrilla hasta que el queso se haya derretido.

l) Unte con mantequilla las superficies cortadas de la parrilla de panecillos.

m)   En el fondo de cada pan, coloque una hamburguesa.

n) Agregue una hoja de lechuga y una generosa cucharada de cebolla caramelizada encima.

72. Hamburguesa de Aguacate a la Parrilla con Frijoles Marinados

Hace: 6

INGREDIENTES:

- 3-4 aguacates medianos
- Zumo de 1 lima
- aceite de oliva

FRIJOLES MARINADOS

- 1 cucharada de vinagre de vino blanco
- 200 g de frijoles negros cocidos
- 2–3 tomates ahumados
- 1 cebolleta, finamente picada
- 1 cucharadita de chile serrano finamente picado
- 1 cucharada de cilantro finamente picado
- 1 cucharadita de ajo finamente picado
- 2 cucharadas de aceite de oliva
- ralladura de 1 lima

SERVIR

- 6 panes de hamburguesa, cortados por la mitad
- mantequilla para los bollos
- 6 cucharadas de crema fresca
- perejil y cilantro
- pimienta de cayena

INSTRUCCIONES:

a) Preparar los Tomates Ahumados a la parrilla.

b) Mezclar los tomates picados ahumados con los demás ingredientes y las alubias marinadas.

c) Coloca las rodajas de aguacate en un plato y rocíalas con jugo de lima y aceite.

d) Asa las rodajas de aguacate rápidamente en la parrilla a fuego muy alto o usa un soplete para sellar la superficie.

e) Asa los bollos rápidamente en la barbacoa con mantequilla en la superficie cortada.

f) En cada bollo, unte una cucharada grande de frijoles marinados, rodajas de aguacate, crème fraiche y perejil y cilantro.

g) Espolvorea con una pizca de pimienta de cayena para terminar.

73. <u>Hamburguesa de quinoa y boniato</u>

Hace: 6

INGREDIENTES:

- 3 camotes medianos, horneados
- 2 huevos
- 1 taza de harina de garbanzos
- 1 cucharadita de chile en polvo
- 1 cucharada de mostaza Dijon integral
- 1 cucharada de mantequilla de nueces u otra mantequilla de nueces
- jugo de ½ limón
- 1 pizca de sal marina
- 200 g de quinoa
- aceite de maní, para freír
- Crema agria de rábano picante
- 3 cucharadas de rábano picante finamente rallado
- 1¼ tazas de crema agria
- sal marina

SERVIR

- 6 panes de hamburguesa, cortados por la mitad
- mantequilla para los bollos
- chalotes asiáticos rojos en rodajas finas
- cebollín finamente picado

INSTRUCCIONES:

a) Parta las papas a lo largo y use una cuchara para raspar el interior.

b) Mezcle los huevos en un procesador de alimentos y mezcle las batatas, la harina de garbanzos, el chile en polvo, la mostaza, la mantequilla de nueces, el jugo de limón y la sal. Agrega la quinua.

c) Usando un puñado de la mezcla a la vez, forme hamburguesas redondas.

d) En un tazón, combine la sal, el rábano picante y la crema agria.

e) A fuego medio, asa las hamburguesas durante unos minutos por ambos lados.

f) Unte con mantequilla las superficies cortadas de los bollos y áselos rápidamente.

g) Coloque una hamburguesa en el fondo de cada bollo y cúbralo con crema agria de rábano picante, chalotes y cebolletas.

74. Sándwiches a la parrilla con Chile y Queso

Rinde: 4 porciones

INGREDIENTES:

- lata de 4 onzas de chiles verdes enteros; agotado
- 8 gajos de pan blanco
- 4 segmentos Monterey Jack; 1 onza cada uno
- 4 segmentos de queso Cheddar; 1 onza cada uno
- 3 cucharadas de margarina o mantequilla; suavizado

INSTRUCCIONES:

a) Coloque una rebanada de queso Monterey Jack, rebanadas de chile y queso Cheddar en 4 rebanadas de pan

b) En el exterior de cada sándwich, unte la margarina.

c) Precaliente la plancha a fuego medio-alto o 375 grados Fahrenheit.

d) Cocine durante 3 minutos por cada lado, o hasta que el queso se haya derretido.

75. Sándwich de parrilla de frutas de maní

INGREDIENTES:

- 12 gajos de pan blanco
- Manteca; suavizado
- ½ taza de mantequilla de maní suave
- ½ taza de piña triturada; bien drenado
- 1 taza de condimento de arándano y naranja

INSTRUCCIONES:

a) Unte con mantequilla el pan por ambos lados.

b) Unte la mantequilla de maní y la piña triturada de manera uniforme en 6 rebanadas de pan.

c) Agregue condimento de arándano y naranja a la mezcla de mantequilla de maní.

d) Cubra con las otras rebanadas de pan y cocine a la parrilla hasta que estén doradas por ambos lados.

e) Cortar en trozos y servir inmediatamente.

f) Sirva con palitos de apio y rizos de zanahoria como guarnición.

76. Sándwich de queso a la parrilla vegano saludable

Rinde: 3 sándwiches

INGREDIENTES:
- 1 calabacín, cortado en rodajas de ½ pulgada de grosor a lo largo
- ½ taza de espinacas frescas
- 4 onzas. tofu ahumado, rebanado
- 1 aguacate, pelado, cortado en rodajas
- 1 cebolla verde, picada
- 3 cucharadas de mayonesa de marañón
- 4-5 cucharadas de salsa de queso vegano
- brotes puñado
- 6 rebanadas de pan

INSTRUCCIONES:
a) En una sartén caliente, fríe las rodajas de calabacín y tofu durante 3 minutos, luego voltea y cocina durante otros 3 minutos. Colocar en un plato para enfriar.

b) Coloque los pedazos de pan uno al lado del otro y extienda una cucharada de mayonesa de marañón en cada una de las tres rebanadas inferiores.

c) Cubra con espinacas, cebolla verde, brotes, salsa de queso y aguacate en rodajas.

d) Cubrir con una rebanada de pan.

e) Caliente una sartén de hierro fundido a fuego medio antes de agregar los sándwiches.

f) Presione sus sándwiches de queso vegano durante unos segundos con una espátula, luego cúbralos con una tapa y cocine durante 3-4 minutos, o hasta que se forme una costra dorada.

77. Sándwiches de queso azul con nuez a la parrilla

INGREDIENTES:
- 1 taza de queso azul desmenuzado;
- ½ taza de nueces tostadas finamente picadas
- 16 gajos de pan integral
- 16 ramitas de berros pequeños
- 6 cucharadas de mantequilla

INSTRUCCIONES:

a)   Por igual, divide el queso y las nueces entre los 8 cuadrados de pan.

b)   Cubra con 2 ramitas de berros cada una.

c)   Sazone con pimienta y cubra con los pedazos de pan restantes, haciendo un total de 8 sándwiches.

d)   En una sartén antiadherente grande, derrita 3 cucharadas de mantequilla.

e)   Ase a la parrilla durante 4 minutos por lado.

f)   Corta los sándwiches en diagonal. Transferir a platos para servir.

78. <u>Manzana asada sobre muffins de masa fermentada</u>

Rinde: 2 porciones

INGREDIENTES:

- 1 manzana Red Delicious pequeña
- ½ taza de requesón
- 3 cucharadas de cebolla morada picada finamente
- 2 panecillos ingleses de masa fermentada, partidos y tostados
- ¼ taza de queso azul desmenuzado

INSTRUCCIONES:

a) En un tazón pequeño, combine el requesón y la cebolla y revuelva bien.

b) En cada medio panecillo, extienda aproximadamente 2 cucharaditas de la mezcla de requesón.

c) Coloca 1 aro de manzana encima de cada molde para panecillos; igualmente, espolvorea queso azul desmenuzado sobre los aros de manzana.

d) Coloque en una bandeja para hornear y cocine a la parrilla durante 1 a 12 minutos, o hasta que el queso azul se derrita, a 3 pulgadas de la llama.

79. Queso de chile a la parrilla

Hace: 1 porción

INGREDIENTES:

- Pan de 6 gajos
- 3 gajos gruesos de queso
- ½ cucharadita de chile rojo molido
- Sal al gusto
- gota de mantequilla

INSTRUCCIONES:

a) Coloque el queso en tres segmentos de pan.
b) Extienda el chile encima y cubra con la segunda rebanada de pan.
c) Ase a la parrilla sobre brasas

POSTRES

80. Flan de huevo de naranja a la parrilla

INGREDIENTES:

- 1 naranja o pomelo
- 1 huevo grande
- 2 cucharadas de leche
- Azúcar y canela al gusto

INSTRUCCIONES:

a) Bate suavemente las claras de huevo con un tenedor en un plato con la leche, el azúcar y la canela, pero no mezcles demasiado.

b) Coloque la mezcla de huevo en el vaso naranja y colóquelo sobre un soporte para asar Embers.

81. <u>Budín de suji y frutas a la parrilla</u>

Rinde: 4 porciones

INGREDIENTES:
- 1 cucharada de margarina vegana
- ¼ taza de anacardos a la parrilla sin sal
- ¼ taza de pasas doradas
- 1 taza de suji
- ½ taza de azúcar
- 11⁄2 tazas de jugo de piña, mango o uva blanca
- ¼ taza de trozos de piña
- ¼ cucharadita de cardamomo molido

INSTRUCCIONES:
a) Calentar la margarina en un comal moderado a fuego bajo.

b) Tueste los anacardos, las pasas y el suji hasta que estén fragantes, aproximadamente 5 minutos, revolviendo regularmente.

c) Continúe cocinando a fuego lento, revolviendo constantemente, después de agregar el azúcar y el jugo de piña.

d) Cocine por unos minutos más, hasta que se forme un budín espeso, luego agregue los trozos de piña y el cardamomo.

e) Divida el pudín en partes iguales entre cuatro tazones de postre pequeños para servir.

82. S'mores de bizcocho a la parrilla

Rinde: 4 porciones

INGREDIENTES:
- 1 taza de bocados de chocolate semidulce
- Bizcocho congelado de 10.75 onzas, descongelado
- 1 taza de crema de malvavisco
- Helado de vainilla

INSTRUCCIONES:
a) Corta el pastel horizontalmente en tres capas.

b) Extienda 1/2 taza de crema de malvavisco y la mitad de los bocados sobre el nivel inferior en una hoja grande de papel aluminio resistente.

c) Para garantizar un sellado seguro, superponga los bordes de la lámina.

d) Ase a la parrilla durante 7-20 minutos a fuego lento sin tapa de la parrilla.

83. <u>Pastel de zanahoria a la parrilla</u>

Rinde: 2 panes

INGREDIENTES:
- 2 tazas de harina para todo uso
- 4 huevos
- 2 tazas de azúcar
- 1¼ taza de aceite vegetal
- ½ taza de mantequilla ablandada
- 2 cucharaditas de bicarbonato de sodio
- 2 cucharaditas de canela, molida
- ½ cucharadita de sal
- 3 tazas de zanahorias, ralladas
- 2 cucharaditas de polvo de hornear
- ½ taza de nueces, cortadas en cubitos
- 1 cucharadita de vainilla
- 16 onzas de azúcar en polvo, tamizada
- 8 onzas de queso crema, ablandado

INSTRUCCIONES:
a) Precaliente la parrilla a fuego alto.
b) Mientras tanto, bata los huevos y luego agregue el azúcar y el aceite a fondo.
c) Agregue los ingredientes secos harina, polvo de hornear, bicarbonato de sodio, canela y sal.
d) Agregue zanahorias ralladas, nueces en rodajas y extracto de vainilla.
e) Llene dos moldes para pan engrasados de una pulgada con la masa.
f) Coloque los moldes para pan en el lado APAGADO de la parrilla y cocine por 40 minutos.
g) En un tazón pequeño, combine el queso crema ablandado y la mantequilla ablandada hasta que quede espumoso. Agregue el extracto de vainilla. Mezcle el azúcar en polvo gradualmente hasta que quede suave.
h) Enfriar el pastel de zanahoria antes de glasear.

84. <u>Tortitas de patata a la parrilla</u>

Rinde: 100 porciones

INGREDIENTES:
- 2 galones de agua; hirviendo
- 1½ taza de mantequilla
- 12 huevos
- 2½ taza de leche
- 3¼ cuarto de patata
- 1 libra de harina
- 2 cucharadas de sal

INSTRUCCIONES:
a) Combine las papas y la leche. colocar a un lado
b) En un tazón, combine el agua, la mantequilla o margarina, la sal y la pimienta.
c) Usando un batidor de alambre, agregue inmediatamente la combinación de papa y leche al líquido a baja velocidad; mezclar durante 12 minutos.
d) Mezcle los huevos, batiendo a una velocidad moderada.
e) Reboza las tortas en harina para todo uso tamizada.
f) Ase a la parrilla de 3 a 4 minutos por lado en una plancha bien engrasada a 375 °F, o hasta que estén doradas.

85. Tortitas de arroz a la parrilla

Rinde: 4 porciones

INGREDIENTES:
- 2½ taza de agua
- Sal
- 1½ taza de arroz de grano corto, cocido
- 1 cucharada de vinagre de arroz sazonado o vinagre de jerez

INSTRUCCIONES:
a) Batir el vinagre de arroz en el arroz cocido.

b) Llene un molde para pastel cuadrado o redondo de 9 pulgadas ligeramente engrasado hasta la mitad con la mezcla de arroz.

c) Presione el arroz de manera uniforme en la sartén con las palmas de las manos húmedas o ligeramente engrasadas. Refrigere hasta que esté duro.

d) Prepara la parrilla.

e) Corta el conjunto de arroz en 12 formas uniformes usando una tabla para cortar.

f) Cepille la parrilla ligeramente con aceite antes de agregar las tortas de arroz.

g) Cocine durante 1 a 2 minutos hasta que estén bien coloreados, luego voltee y cocine a la parrilla durante otros 1 a 2 minutos. Sirva de inmediato.

86. __Tarta de durazno__

Rinde: 9 porciones

INGREDIENTES:
- 2 cucharadas de miel
- 1 cucharada de mantequilla, derretida
- 1/4 cucharadita de canela
- 2 plátanos medianos maduros
- 2 melocotones maduros medianos
- 1/2 de bizcocho de 11 onzas, cortado en segmentos de 3/4 de pulgada
- 1/2 de 8 onzas de látigo frío, descongelado
- 1/4 cucharadita de canela
- Pizca de nuez moscada

INSTRUCCIONES:
a) En un recipiente pequeño, combine la miel, la mantequilla derretida y 1/4 de cucharadita de canela.

b) Cocine durante 8-10 minutos en una parrilla a fuego medio, revolviendo con frecuencia.

c) Vierta fruta caliente sobre el pastel.

d) Mezclar los tres restantesingredientesy cuchara sobre la parte superior.

87. Pastel de café con canela

Rinde: 4 porciones

INGREDIENTES:

- 2 cucharadas de mantequilla o margarina
- 1 taza de mezcla para galletas
- 1/3 taza de leche evaporada, sin diluir
- 1 cucharada. Listo canela-azúcar

INSTRUCCIONES:
a) Corta la mantequilla en trozos pequeños y espolvoréala sobre la mezcla para galletas en un plato mediano. Mezcle ligeramente con un tenedor hasta que la mantequilla esté uniformemente cubierta.
b) Mezcle con un tenedor hasta que esté ligeramente humedecido, luego vierta la leche y la mezcla de canela y azúcar.
c) Coloque la masa en una plancha engrasada.
d) Golpee uniformemente en la plancha con las manos enharinadas.
e) Cocine, cubra y cocine durante 12 a 15 minutos a fuego muy bajo.

88. **Postre de duraznos**

Rinde: 9 porciones

INGREDIENTES:

- 1 caja de mezcla para pastel amarillo de 12 onzas
- 7 arriba
- 2 bolsas de durazno congelado
- 3/4 taza de mezcla de canela y azúcar
- 3 onzas de miel

INSTRUCCIONES:

a) Precaliente el ahumador a 280 grados F.

b) Combine la mezcla para pastel amarillo y 7-up en un tazón grande para mezclar.

c) En el fondo de una plancha o un molde de aluminio de 9 x 11, vierta la fruta congelada.

d) Espolvorear con miel, luego con la mezcla de canela y azúcar.

e) Ahúme durante 3 a 4 horas o hasta que al insertar un palillo en el centro, éste salga limpio.

89. <u>Crujiente de albaricoque a la parrilla de Hayes Street</u>

Rinde: 4 porciones

INGREDIENTES:

- 1 taza de harina para todo uso
- 4 tazas de mitades de albaricoque sin hueso
- Jugo de 1 limón
- 1 taza de azúcar moreno
- pizca de sal
- 6 cucharadas de azúcar granulada
- 1 cucharadita de canela molida
- Crema batida suave
- 8 cucharadas de mantequilla, en cubos

INSTRUCCIONES:

a) Precaliente la parrilla a 375 grados F.

b) Engrasar un molde para pastel con mantequilla.

c) Combine la fruta con jugo de limón y azúcar granulada. Llena una fuente para horno con la mezcla.

d) En un tazón, combine la harina, la mantequilla restante, el azúcar moreno, la sal y la canela.

e) Con las yemas de los dedos, frote la mezcla hasta que se desmorone. Verter por toda la fruta.

f) Ase a la parrilla durante 35 a 45 minutos, hasta que la fruta burbujee alrededor de los bordes y se dore por encima.

g) Deje que se enfríe un poco antes de servir con crema batida, crème fraiche o helado.

90. <u>tarta de berenjenas a la parrilla</u>

Rinde: 8 porciones

INGREDIENTES:

- Spray para cocinar
- 1 berenjena grande, en rodajas
- 6 papas grandes; Segmentario
- 6 champiñones Portabella grandes
- Aceite de oliva para pincelar
- 1 cebolla picada
- 1 cucharada de aceite de oliva; para pan rallado
- Sal y pimienta
- ¼ taza de perejil; cortado en cubitos
- ¼ taza de albahaca; juliana
- 1 cucharadita de tomillo fresco
- 1 taza de pan rallado fresco
- 1 cucharada de aceite de oliva
- 1 tallo de apio; picado
- 4 tomates grandes; sin semillas y picado en cubos gruesos
- ½ taza de zanahorias ralladas
- 1 cucharadita de jugo de limón fresco
- 2 cucharaditas de perejil fresco; cortado en cubitos
- ¾ taza de queso parmesano fresco rallado

INSTRUCCIONES:
a) Para preparar el condimento, caliente el aceite en una olla mediana no reactiva.
b) Cocine por 3 minutos a fuego medio con la cebolla y el apio.
c) Combine los tomates, las zanahorias y el tomillo, luego sazone con sal y pimienta.
d) Cocine el condimento suavemente hasta que el líquido se haya evaporado en su mayor parte. Batir el perejil y el jugo de limón.
e) Rocíe bien la rejilla de la parrilla.
f) Precaliente la parrilla a fuego medio-alto.

g) Rocíe las berenjenas, las patatas y los champiñones con aceite de oliva

h) Cubra un molde para pastel o tarta de 9 pulgadas con aceite en aerosol.

i) Asa todas las verduras hasta que estén bien doradas y cocidas por ambos lados.

j) Coloca capas de berenjena, papa y champiñones en el molde para pastel o tarta. Espolvorea un poco de perejil, albahaca y queso rallado entre cada capa de vegetales.

k) Caliente las 3 cucharadas de aceite de oliva en una plancha pequeña a fuego moderado-alto hasta que esté caliente. Saltee las migas de pan hasta que estén doradas. Se debe espolvorear pan rallado sobre la tarta.

l) Sirva con un pequeño charco de condimento de tomate debajo de cada gajo de inmediato.

91. Sundaes de plátano y ron a la parrilla

INGREDIENTES:

- ⅓ taza Más 1 cucharada de jarabe de arce
- 1½ cucharada de ron oscuro
- 1 cucharada de mantequilla sin sal derretida
- 4 plátanos; maduro pero firme
- 1 pinta de yogur helado de vainilla
- ⅛ de cucharadita de nuez moscada recién molida

INSTRUCCIONES:

a) Prepara una barbacoa.

b) En una cacerola pequeña, combine el jarabe de arce y el ron.

c) Vierta la mantequilla derretida.

d) Cepille o frote la mezcla de jarabe de arce y mantequilla sobre los plátanos.

e) Asa las bananas durante 3 a 5 minutos, volteándolas una o dos veces con una espátula, hasta que estén ligeramente doradas y blandas pero no blandas.

f) En una cacerola pequeña, colóquela cerca de las brasas y caliente la mezcla restante de jarabe de arce y ron mientras se asan los plátanos.

g) Llene los tazones de postre hasta la mitad con yogur helado. Coloque las mitades de plátano en cuartos encima del yogur helado.

h) Vierta la salsa picante encima de ellos.

92. Plátanos a la parrilla

Rinde: 4 porciones

INGREDIENTES:

- 6 onzas de chocolate semidulce; cortado en cubitos
- 6 cucharadas de crema espesa
- 2 cucharadas de Kahlúa
- ½ taza de azúcar
- 1 taza de agua; caliente
- 4 plátanos maduros
- 1 pinta de helado de jengibre

INSTRUCCIONES:

a) En una caldera doble, derrita el chocolate y la crema a fuego lento.

b) Revuelva hasta que todo el chocolate se haya derretido. Vierta el Kahlua.

c) En una cacerola a fuego medio, derrita el azúcar, revolviendo con frecuencia, y luego rocíe el agua.

d) Llevar a ebullición, revolviendo constantemente con una cuchara de metal hasta que todo el azúcar se haya disuelto y la salsa se haya espesado.

e) Retire la salsa del fuego y reserve.

f) Coloque los plátanos en la parrilla después de cortarlos a lo largo.

g) Asa el lado segmentado hacia abajo durante 4 minutos, luego voltea y asa a la parrilla durante otros 4 minutos.

f) Coloque 2 mitades de plátano en cada plato frío; Cucharee el helado entre las mitades de plátano y rocíe con las salsas de chocolate y caramelo.

93. Plátanos a la plancha con helado

INGREDIENTES:

- 2 plátanos maduros firmes
- ¼ de barra de mantequilla sin sal, derretida y enfriada
- 3 cucharadas de azúcar moreno
- ¼ de libra de chocolate, cortado en cubitos
- ½ cucharadita de canela
- Helado de vainilla

INSTRUCCIONES:

a) Precalentar una parrilla.

b) Corta los plátanos por la mitad a lo largo después de pelarlos.

c) Mezcle la mantequilla y el azúcar moreno en un molde para hornear poco profundo, luego agregue los plátanos y mezcle suavemente para cubrir.

d) Con una espátula de metal, transfiera los plátanos a una sartén aceitada y caliente hasta que estén dorados y bien cocidos, aproximadamente 2 minutos por lado.

e) Derrita el chocolate cortado en cubitos y la canela a fuego lento, revolviendo constantemente.

f) Sirva los plátanos con helado y salsa de chocolate derretida.

94. Peras escalfadas y asadas

INGREDIENTES:
- 11⁄2 tazas de jugo de arándano
- 1 porción deSalsa de chocolate
- 1 taza de azúcar
- 2 cucharaditas de extracto puro de vainilla
- 2 peras
- 2 bolas de helado vegano de vainilla
- ramitas de menta, para decorar

INSTRUCCIONES:
a) Precaliente la parrilla a 400 grados.

b) En una cacerola, combine el jugo de arándano y el azúcar y hierva durante unos 7 minutos.

c) Retire del fuego y agregue el extracto de vainilla.

d) Con un sacabolas de melón, quite el corazón de las peras y colóquelas en la bandeja Ready. Gire las peras en el jarabe de arándano para cubrirlas.

e) Ase a la parrilla durante 30 minutos, o hasta que estén tiernos pero sin desmoronarse.

f) Retire la parrilla y deje enfriar a temperatura ambiente.

g) Coloque 2 mitades de pera en cada uno de los 4 platos de postre enfriados cuando esté listo para servir, con una cucharada de sirope residual sobre las peras.

h) Coloque una bola de helado en cada plato.

95. Melba de melocotón a la parrilla

INGREDIENTES:

- 1 taza de frambuesas frescas
- 2 tazas de agua
- 1 durazno maduro
- 11⁄2 tazas de azúcar
- 2 bolas de helado vegano de vainilla
- 1 cucharada de almendras tostadas segmentadas
- 2 cucharadas más 1 cucharadita de jugo de limón

INSTRUCCIONES:

a) En una cacerola a fuego alto, hierva el agua, luego agregue el durazno.

b) Después de 30 segundos, reduzca el fuego y saque los duraznos.

c) Agregue 1 taza de azúcar y 2 cucharadas de jugo de limón al agua caliente y revuelva para disolver el azúcar.

d) Pelar el melocotón y quitarle la piel y cocerlo durante otros 8 minutos en el agua hirviendo. Escurrir, luego deshuesar y cortar los melocotones. Coloque a un lado.

e) Combine las frambuesas y el azúcar restante en una cacerola pequeña y caliente a fuego medio. Aplasta las bayas con el dorso de una cuchara y remueve para disolver el azúcar.

f) Presione las bayas a través de un tamiz fino en un plato. Mezcle con la 1 cucharadita restante de jugo de limón.

g) Sirva el helado vegano en tazones de postre transparentes y adorne con los gajos de melocotón.

h) Sirva con un chorrito de salsa de frambuesa y una pizca de almendras.

96. Plato de frutas con sabores asiáticos

Hace: 4 a 6 porciones

INGREDIENTES:
- Lata de 8 onzas de lichis, envasados en almíbar
- Zumo de 1 lima
- 1 cucharadita de ralladura de lima
- 2 cucharaditas de azúcar
- ¼ taza de agua
- 1 mango maduro, pelado, sin hueso y cortado en dados de 1⁄2 pulgada
- 1 pera asiática, sin corazón y cortada en dados de 1⁄2 pulgada
- 2 plátanos, pelados y cortados en segmentos de 1⁄4 de pulgada
- 1 kiwi, pelado y cortado en segmentos de 1⁄4 de pulgada
- 1 cucharada de cacahuetes tostados sin sal triturados

INSTRUCCIONES:
a) Ponga el jarabe de lichi en una cacerola pequeña.
b) Calentar el almíbar de lichi con el jugo y la ralladura de lima, así como el azúcar y el agua, a fuego lento hasta que se disuelva el azúcar. Llevar a ebullición, luego retirar del fuego. Permita que se enfríe.
c) Agregue el mango, la pera, los plátanos y el kiwi al plato que contiene los lichis.
d) Servir con un chorrito del almíbar guardado y un puñado de cacahuetes.

97. Crepas Heladas

Rinde: 4 porciones

INGREDIENTES:

- 11/2 pintas de helado vegano de vainilla, suavizado
- Crepas Veganas de Postre
- 2 cucharadas de margarina vegana
- 1/4 azúcar glas
- 1/4 taza de jugo de naranja fresco
- 1 cucharada de jugo de limón fresco
- 1/4 taza de Grand Marnier u otro licor con sabor a naranja

INSTRUCCIONES:

a) Coloque un cuarto de helado de punta a punta en un trozo de envoltura de plástico, envuélvalo y enróllelo con las manos hasta formar un tronco.

b) Cada uno de los troncos de helado debe enrollarse en una crepe.

c) Después de rellenar las crêpes, colócalas en el congelador durante 30 minutos para que se endurezcan.

d) Derrita la margarina en una plancha pequeña a fuego medio. Vierta el azúcar. Agregue el jugo de naranja, el jugo de limón y el Grand Marnier.

e) Ase a la parrilla durante unos 2 minutos, o hasta que la mayor parte del alcohol se haya evaporado.

f) Para servir, coloque las crepes rellenas en platos de postre y rocíelas con un poco de salsa de naranja.

98.   Gratinado De Nueces Y Peras

INGREDIENTES:
- peras maduras frescas, peladas y sin corazón
- 1/2 taza de arándanos secos endulzados
- 1/2 taza de azúcar
- 1/2 cucharadita de jengibre molido
- 1 cucharada de maicena
- 1/4 taza de leche de soja natural o de vainilla
- 2/3 taza de nueces picadas en cubos gruesos
- 1/4 taza de margarina vegana

INSTRUCCIONES:
a) Precaliente la parrilla a 400 grados Fahrenheit.
b) Engrasar ligeramente una fuente para gratinar.
c) Extienda las peras en el plato Listo.
d) Mezcle los arándanos, el azúcar, el jengibre y la maicena.
e) Agregue la leche de soya, rocíe con margarina y espolvoree con nueces.
f) Ase a la parrilla durante 20 minutos, o hasta que la fruta burbujee en el medio.

99.   Banana split a la parrilla

INGREDIENTES:
- 1/2 taza de mantequilla, derretida
- 1/2 taza de azúcar moreno claro compactado
- 6 plátanos firmes, cortados a lo largo
- 1 litro de helado de vainilla
- 1 taza de chocolate caliente, calentado

INSTRUCCIONES:
a) Precaliente la parrilla a fuego medio-alto.

b) Combine la mantequilla y el azúcar moreno en una fuente para hornear de 9" x 13" y revuelva bien.

c) Cepille los plátanos con la mezcla de mantequilla para cubrirlos completamente.

d) Cocine de 4 a 6 minutos, o hasta que los bordes comiencen a burbujear, con el lado plano hacia abajo en la parrilla; voltee con una espátula y cocine de 2 a 3 minutos más, o hasta que se dore suavemente.

e) Coloque 2 segmentos de plátano cocidos en cada uno de los 6 platos, cubra con helado y rocíe con chocolate caliente.

f) Sirva de inmediato.

100. Crema pastelera de chiles tostados

Rinde: 4 porciones

INGREDIENTES:
- 2 huevos grandes
- 2 yemas de huevo grandes
- ⅓ taza de azúcar moreno
- 2 cucharadas de azúcar moreno
- ¼ de cucharadita de sal
- 2 tazas de crema espesa
- ¼ cucharadita de vainilla
- 2 cucharaditas de chile de árbol, tostado en polvo

INSTRUCCIONES:
a) Precaliente la parrilla a 300°F.

b) Batir el huevo, las yemas de huevo, el azúcar moreno y la sal.

c) Calienta la crema y la vainilla en una cacerola a fuego medio; Retírelo del calor; mezcle la mezcla de huevo hasta que quede suave; regrese a la crema en una cacerola y cocine a fuego lento hasta que la crema cubra el dorso de una cuchara; Retírelo del calor.

d) Rellene los moldes con crema pastelera; colocar en la sartén y colocar la sartén en la parrilla.

e) Llene con suficiente agua para llegar a 2/3 de los bordes de los moldes; asar hasta que cuaje durante unas 3 horas.

f) Para servir, espolvoree chile en polvo sobre cada flan, luego cubra con azúcar morena tamizada y cocine a la parrilla hasta que el azúcar se derrita pero no se dore.

CONCLUSIÓN

¡Felicidades! Has llegado al final de El libro de cocina de barbacoa verde. Esperamos que este libro de cocina lo haya inspirado a explorar la parrilla ecológica y a probar nuevas y deliciosas recetas en su parrilla. Creemos que cocinar de forma sostenible no solo es bueno para el planeta, sino también para tu salud y bienestar.

Al elegir ingredientes sostenibles y utilizar prácticas de asado a la parrilla ecológicas, puede reducir su huella de carbono y crear comidas deliciosas y saludables con las que se sienta bien. Hemos tratado de hacer que este libro de cocina sea lo más completo posible, con recetas detalladas, consejos sobre parrilladas sostenibles e información sobre cómo reducir los desechos.

Esperamos que El libro de cocina de barbacoa verde lo haya ayudado a ganar confianza en la parrilla ecológica y que continúe explorando nuevos sabores y técnicas. Gracias por acompañarnos en este viaje culinario y esperamos que comparta sus creaciones con nosotros y con sus seres queridos. ¡Feliz parrillada!